货币

国文化百科

绝代通宝古币

李玉梅 编著 胡元斌 丛书主编

汕头大学出版社

图书在版编目（CIP）数据

货币：绝代通宝古币 / 李玉梅编著. -- 汕头：汕
头大学出版社，2015.2（2020.1重印）
（中国文化百科 / 胡元斌主编）
ISBN 978-7-5658-1582-9

Ⅰ．①货… Ⅱ．①李… Ⅲ．①货币史－中国 Ⅳ.
①F822.9

中国版本图书馆CIP数据核字(2015)第020748号

货币：绝代通宝古币　　　HUOBI: JUEDAI TONGBAO GUBI

编　　著：李玉梅
丛书主编：胡元斌
责任编辑：汪艳蕾
封面设计：大华文苑
责任技编：黄东生
出版发行：汕头大学出版社
　　　　　广东省汕头市大学路243号汕头大学校园内　邮政编码：515063
电　　话：0754-82904613
印　　刷：三河市燕春印务有限公司
开　　本：700mm×1000mm　1/16
印　　张：7
字　　数：50千字
版　　次：2015年2月第1版
印　　次：2020年1月第2次印刷
定　　价：29.80元
ISBN 978-7-5658-1582-9

前　言

　　中华文化也叫华夏文化、华夏文明，是中国各民族文化的总称，是中华文明在发展过程中汇集而成的一种反映民族特质和风貌的民族文化，是中华民族历史上各种物态文化、精神文化、行为文化等方面的总体表现。

　　中华文化是居住在中国地域内的中华民族及其祖先所创造的、为中华民族世世代代所继承发展的、具有鲜明民族特色而内涵博大精深的传统优良文化，历史十分悠久，流传非常广泛，在世界上拥有巨大的影响。

　　中华文化源远流长，最直接的源头是黄河文化与长江文化，这两大文化浪涛经过千百年冲刷洗礼和不断交流、融合以及沉淀，最终形成了求同存异、兼收并蓄的中华文化。千百年来，中华文化薪火相传，一脉相承，是世界上唯一五千年绵延不绝从没中断的古老文化，并始终充满了生机与活力，这充分展现了中华文化顽强的生命力。

　　中华文化的顽强生命力，已经深深熔铸到我们的创造力和凝聚力中，是我们民族的基因。中华民族的精神，也已深深植根于绵延数千年的优秀文化传统之中，是我们的精神家园。总之，中国文化博大精深，是中华各族人民五千年来创造、传承下来的物质文明和精神文明的总和，其内容包罗万象，浩若星汉，具有很强文化纵深，蕴含丰富宝藏。

　　中华文化主要包括文明悠久的历史形态、持续发展的古代经济、特色鲜明的书法绘画、美轮美奂的古典工艺、异彩纷呈的文学艺术、欢乐祥和的歌舞娱乐、独具特色的语言文字、匠心独运的国宝器物、辉煌灿烂的科技发明、得天独厚的壮丽河山，等等，充分显示了中华民族厚重的文化底蕴和强大的民族凝聚力，风华独具，自成一体，规模宏大，底蕴悠远，具有永恒的生命力和传世价值。

在新的世纪，我们要实现中华民族的复兴，首先就要继承和发展五千年来优秀的、光明的、先进的、科学的、文明的和令人自豪的文化遗产，融合古今中外一切文化精华，构建具有中国特色的现代民族文化，向世界和未来展示中华民族的文化力量、文化价值、文化形态与文化风采，实现我们伟大的"中国梦"。

习近平总书记说："中华文化源远流长，积淀着中华民族最深层的精神追求，代表着中华民族独特的精神标识，为中华民族生生不息、发展壮大提供了丰厚滋养。中华传统美德是中华文化精髓，蕴含着丰富的思想道德资源。不忘本来才能开辟未来，善于继承才能更好创新。对历史文化特别是先人传承下来的价值理念和道德规范，要坚持古为今用、推陈出新，有鉴别地加以对待，有扬弃地予以继承，努力用中华民族创造的一切精神财富来以文化人、以文育人。"

为此，在有关部门和专家指导下，我们收集整理了大量古今资料和最新研究成果，特别编撰了本套《中国文化百科》。本套书包括了中国文化的各个方面，充分显示了中华民族厚重文化底蕴和强大民族凝聚力，具有极强的系统性、广博性和规模性。

本套作品根据中华文化形态的结构模式，共分为10套，每套冠以具有丰富内涵的套书名。再以归类细分的形式或约定俗成的说法，每套分为10册，每册冠以别具深意的主标题书名和明确直观的副标题书名。每套自成体系，每册相互补充，横向开拓，纵向深入，全景式反映了整个中华文化的博大规模，凝聚性体现了整个中华文化的厚重精深，可以说是全面展现中华文化的大博览。因此，非常适合广大读者阅读和珍藏，也非常适合各级图书馆装备和陈列。

目　录

交子与会子

金银与纸币

铸行通宝钱

秦统一货币

　　秦统一中国，也统一了货币。秦结束了以前的战国时期货币形状各异、重量悬殊的杂乱状态。

　　在秦国早期铸造的圆钱和半两钱基础上，规定了全国统一的货币形制，统一的货币重量，统一的铸造模型和铸造官署。还包含统一的货币规格和比价，并注重运用法律手段来管理货币，从而保证了统一货币政策的实施。

　　秦王朝统一货币，在我国历史上是一个伟大的壮举，开启了我国货币历史新纪元，在当时具有多方面的意义，也对后世产生了极为深远的影响。

秦国早期的铸币

秦朝是我国历史上第一个统一的专制主义中央集权的封建制国家政权，它是在战国时期秦国的基础上建立起来的。秦朝以前，钱币形状各异，轻重不一，并且有优有劣，换算困难，给当时的商品流通造成了极大的困难。

秦朝出于国家统一的需要，货币的统一经历了一个长期的历史过程。秦国早期铸币的出现、发展和变化直至最后统一，在我国货币历史上具有承上启下的意义。

在秦统一之前，秦国开始铸造了铜质圆形圆孔的圆钱和圆形方孔的半两钱等，并建立了黄金、布、半两钱三等的制度。这些钱币及其相关政策，为后来秦始皇统一货币奠定了基础。

秦国铸币的出现是在秦献公时期。公元前383年，秦献公把国都迁到栎阳，其位置大致在今陕西省西安市阎良区武屯镇官庄村与古城屯村之间。这里当时是商人必经的商道，秦献公在这里"初行为市"，就是开始设立市场，设置市吏，管理市场贸易，征收市税。

市税收的是货币，就是秦国当时自己铸造的。随着商品经济的发展，农民纷纷弃农经商，影响农业自然经济的稳定。

秦孝公时期的商鞅变法，大力推行重农抑商政策，其主要措施，是以货币形式征收商人的关卡过往税和市场营业税。此外，还在公元前348年实行了"初为赋"，向全国人民征收口赋，口赋也是以货币的形式征收的。

从秦献公和秦孝公时商品交换的发展程度来看，朝廷的许多税收项目要求以货币形态支付，如果没有本国的铸币是不可能的。

当时秦国的铸币是铜质圆钱，采用圆形圆孔的周圆钱形式，按其重量可分一两型和半两型两种。这是秦币的早期形态，也是方孔钱的前身。圆钱是由玉璧和古时的纺轮演化而来的。圆钱是沿用璧、环的专称来称其形体的。

战国时期的圆钱，据货币单位的不同，可将其划分为三大类：一是以"两"为单位的秦国圆钱；二是以"釿"为单位的两周、三晋地

区的圆钱；三是以传统货币单位"刀"为名称的齐、燕圆钱。

由于秦国的逐渐发展并成为后来统一天下的强国，因此在战国时期，秦国圆钱对后世来说显然更有意义。秦币在秦惠文王时期又有了发展和变化。

公元前336年，秦惠文王开始实行"初行钱"，铸造和发行圆形方孔半两钱。"初行钱"不等于说秦国这时才开始铸钱，在这之前，钱币多为私人所铸，在此之后，秦国摈弃了圆形圆孔钱，定型为圆形方孔半两钱，使秦币由试行阶段转变为正式全面铸行时期。

秦惠文王时的半两钱的流通范围，西至河西走廊；东至山东、江苏，北达内蒙古，南抵广州市，东北到达辽东半岛，西南进入大渡河上游，说明秦半两钱是全国通用的货币。

秦半两钱主要在秦国境内流通，在其他诸侯国流通的数量很少，因为币值不统一，换算困难。所以，钱如要带出国境，必须换成黄金或布，按法律规定的比价折算。

由此可见，黄金和布这两种货币是各国都通行的。同时也证明，秦币分为黄金、布、半两钱三等的制度在战国晚期就已形成。

布与半两钱之间有法定的比价，一般是"钱十一当一布"。刑徒如果向官府领取衣服，就要按11的倍数缴钱。比如男性城旦，冬衣每人缴110钱，即10个布；夏衣每人缴55钱，即5个布。按法定比价，刑徒领取衣服可以缴布，也可以缴钱，这说明布当货币普遍存在。

当时的布、黄金和半两钱分为三等：黄金为上币，半两钱为下币，布为中币。把货币分为三等由来已久，春秋时期的管仲在《地数篇》记载："先王各用其重，珠玉为上币，黄金为中币，刀布为下币。"秦国把货币分为3等，既与实际相符，也符合传统习惯。

黄金作为上币，表示其为贵金属，用作大数目的支付。秦国对立大功的人常用黄金作为重赏。

黄金作为货币的出现，在货币史上是有意义的，从此基本上奠定了我国封建社会贵金属与铜币并行的货币格局。

拓展阅读

秦惠文王在执政之前，秦国的世族贵胄们在自己的食邑内都有各自一种用以交换日常所需物品的等价物，比如布币。总之，还没有全国通行的一般等价物。

秦惠文王在公元前336年实行"初行钱"的货币政策，为商品的合理交换提供了标尺，为统一税收作了铺垫，加强朝廷的财政征收能力和效率，有利于经济往来的便利，促进商品经济的繁荣。

随着行政制度的建立和完善，形成了国君集中资源的显著优势，从而为朝廷"机器"的运转提供了强大的驱动力。

秦币统一的成果

秦始皇下令废除原各国的旧币，以秦币为基础推行新的货币制度。秦始皇统一货币后，我国的货币制度在多个方面都取得了统一。其中包括全国货币形制的统一，货币重量的统一，铸造模型和铸造官署的统一，还铸造了秦权钱作为衡量的标准。

秦统一币制后，把货币一律称名为"钱"，并被后世一直延续了下来。

秦代货币的统一表明，"千古一帝"秦始皇，在统一货币时不仅措施有力，也取得了历史性成果。

　　秦始皇统一货币时，首先要求全国货币形制的统一。他下令将其他各国原有的较为紊乱的币制一律废除，规定全国的货币只有两种，一种是黄金，为上币；一种是方孔的圆钱，为下币。这就使原来其他诸国的货币就淡出了流通领域，并逐渐在人们视野中消失了。

　　方孔圆钱形质虽沿袭两周的环钱，但有所不同的是全部都将圆孔改为方孔。秦始皇确定方孔圆钱为货币统一形制，有4点重要的原因：

　　一是环钱本为周制，秦国虽在战国时期就在沿用，但秦始皇既然进行币制改革，就绝不能因袭照搬，而是应该要在钱孔上予以统一。

　　二是钱必须要以绳或以木贯穿，才便于携带和流通。而要使它贯串得比较牢固，不容易晃荡挪动，方形的孔则更符合这种要求。

　　三是最初的环钱有铸4个字的，也有铸6个字的。统一货币后，秦钱铸为方孔，分列"半两"两个字于方孔两边，即便识别，又较美观匀称。

　　四是秦钱贮藏规定"千钱一畚"，制为方孔，以木或绳贯之，就能比较固定，也是储存上的一种最大便利。

　　正是因为这些原因，秦国统一货币推行的方孔钱，从秦代定制

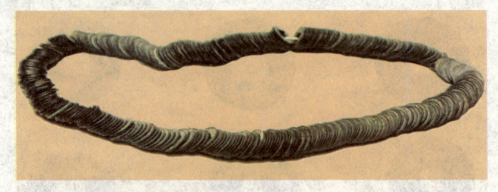

起，直至清代末期都没有改变。

秦代采用半两钱的钱币形制，倒映着先秦时代的"天圆地方"思想。古人把"圆"与"方"，"天"与"地"，"君"与"臣"联系起来了，它们之间有着各执其道，不可易位的关系。

这种思想投影在秦半两钱的形制上：外圆代表天命，内方象征皇权。"外圆内方"的半两钱，摇身一变为"天命皇权"的符瑞。这就是方孔圆钱在我国历史上通行了几千年而不衰的真正原因。

人类的思维发展与社会的发展是同步而行的。随着生产力的发展，人类开始认识时间和空间的发展，逐渐走出原始的混沌状态。

秦半两钱就是在这种思维方式的指导下，继承了历史上钱币形制的优秀成果，又注入了天、地、人的思想观念，融时间、空间于一体，浓缩在方寸之内。从这个角度来说，秦半两钱的诞生，是人类思维发展史上又一座丰碑。

秦始皇还对全国钱币重量进行了统一。

在以金属作为货币的时代，货币的重量是货币制度中非常重要的一环，货币的重量过轻、过重或者重量标准的不统一，都会给商品交流和经济发展带来不利影响。因此，秦始皇统一货币时也非常重视对货币重量进行统一化。

在对货币的重量上，统一货币要求货币的重量为"半两"，并在货币上铸上"半两"两个字，这里的半两，相当于当时的12铢，秦制24铢等于一两。

秦国铸造钱币是有技术上的原因的。当时铸造货币使用的是土范，一枚钱只能铸一次，重量自然不能够绝对准确。尽管如此，但是秦代关于"半两"规定，无疑为货币重量的统一提供了重要条件。后世沿用对重量的统一要求，使古代金属货币重量终于走向统一。

秦始皇去世后，秦代货币中的一些改革成果开始衰落，铸币的重量开始减轻，币制混乱，以变相的通货贬值的手段攫取财富。秦末货币的严重减重变质，与秦王朝的衰亡是同步的。可见，一个朝廷的货币可以反映国力的盛衰。

秦始皇还规定由朝廷统一铸造钱币，铸币权完全由朝廷掌握，实现了铸造模型和铸造官署的统一。在货币改革时，关于铸币权，秦国政策总起来说就是"铸币权"的统一：全国的钱币都由朝廷统一集中地铸造，不许民间私铸。

秦国的这种钱币必须集中于朝廷，由朝廷统一铸造的做法，和现代各国货币的发行必须全部集中于朝廷大致相同。因此，可以说秦始皇统一货币政策中的统一铸币权，是具有先驱作用的。

秦权钱是秦王朝统一货币、加强朝廷集权制的象征。秦王朝为了保证统一货币政策的施行，不仅铸造了大量的半两钱，而且还铸造了为数不多的重四两的秦权钱。

为了杜绝私铸，检验半两钱的分量，特地又铸造了一种厚重的权钱，称"法钱"，面文左右两侧有"重四两"的小篆文字，穿孔上下有一定的数字符号，作为衡量的标准。

按此权钱的标准，一枚权钱应当等于8枚半两钱的重量，如果8枚半两钱不等同于一枚权钱的重量，那就说明不符合标准。

秦权钱的铸造，在监督、规范当时全国钱币的流通，进一步巩固半两钱的独尊地位，保证统一货币政策的落实，起到了十分重要的作用。

拓展阅读

晚清学者丁福保主编的《古钱大辞典》中有关于秦权钱的说明和拓图，认为是世间罕见的珍品，书中所记载的钱，原物已经下落不明。

这枚秦权钱在20世纪50年代初发现于西安，印有"第十七 重四两"几个字，是现在发现与存世的唯一一枚秦权钱。

秦权钱是秦王朝统一货币，是加强朝廷集权的象征，是能与上海博物馆珍藏的度量衡制"商鞅方升"相媲美的国宝。商鞅方升为战国中期的青铜器，反映了当时在数字运算和器械制造等方面所取得的高度成就。

半两与

　　西汉成立后，汉武帝刘彻确立了五铢钱制度，无论铜钱的实际重量大小，在名称上依然沿用秦代"半两"之名。汉半两钱前后铸行五次。因汉初私铸之风甚盛，半两钱越铸越小。

　　汉武帝时期发行的五铢钱，开启了汉五铢钱的先河。五铢钱在两汉始终一统天下，直至唐高祖时罢废，盛行了700年，从而奠定了我国圆形方孔的传统。

　　五铢钱是我国古代钱币史上使用时间最长的货币，也是用重量作为货币单位的钱币，在我国5000年的货币发展史上具有一定影响。

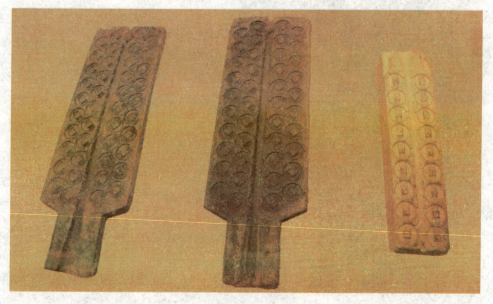

汉初铸造半两钱

半两钱始用于战国时期的秦国，称之为"战国半两"。秦统一六国后，统一的货币仍以半两为名，又称之为"秦半两"。秦灭以后，刘邦建立了汉朝。汉承秦制，货币制度也一如其旧。因汉代最初沿用秦代半两，故称为"汉半两"。

汉初仍袭用秦的半两钱制，但汉高祖刘邦为解决军费开支，采取权宜之计，货币减重并允许私铸，结果形似榆荚的"榆荚半两"大幅减重，"半两"已名实不符。

允许私人铸钱，结果铸钱者为获得暴利，普遍减轻钱的实际重量，往铜中掺杂铅铁，使得劣币横行，物价飞涨。

汉初因战争创伤，社会生产力遭到极大破坏。在这种情况下，秦半两币值过重，流通不便，不利于国民经济恢复的弊端就显现了出来。于是，汉高祖刘邦下令减重铸造汉半两，以解决财政开支。

西汉初年铸造的钱仍然沿用秦代叫法，称为"半两"。但由于钱的方孔太大，周边像4片榆荚合成，所以当时民间称之为"榆荚半两"或"荚钱"。

这种钱比较标准半两，甚至秦二世时的减重半两钱，重量已大大减轻。即使如此，朝廷所铸的钱仍不敷所用。于是汉高祖又允许民间自铸荚钱，以发掘民间潜力，借助市场的力量自行增加货币供应量。

荚钱面值较轻，因而流通顺畅，特别适合于在特殊困难时期普遍贫困的平民使用。然而由于铸币权下放到私人手里，没有形成统一严格的管理，导致各地所铸货币形制各异，没有统一的标准。再加上前朝流弊犹存，各种不同样式、轻重的钱币同时在市场上流通，令百姓不知所从，货币的信用度很差。

还有一部分人借铸币牟利，在造币过程中掺假，随心所欲地偷换铸币原材料、任意减重、大量滥造，更加重了恶钱的泛滥，加重了百姓对货币的不信任感。

朝廷允许私铸举措仅是应急之举，虽然可解一时的燃眉之急，但也会助长民间盗铸钱币的歪风，终究不是长久的解决办法。

果然在公元前186年，汉朝朝廷终于忍无可忍，不得不出手整顿混乱不堪的货币市场。

公元前186年，汉朝朝廷决定加重货币来提高币值，由朝廷铸八铢钱。由于与南越及匈奴作战，军费开支大增，又重新实行货币减重，行5分钱。所谓5分，就是半两的1/5。

汉高祖末年和吕后时曾禁民私铸钱。汉文帝改铸四铢钱，并废除了禁止盗铸的法令。

如何稳定货币，健全钱法，是汉初朝廷所面临的一个十分重要的经济课题。这一问题，在汉武帝时期经过艰难探索，最后才得以比较妥善的解决。

拓展阅读

秦代末年陈胜起义，各地响应，刘邦在秦的沛县也扯旗造反。当时，萧何、曹参等辅佐刘邦起义，推刘邦为沛公，征发沛县子弟，得到士兵3000人，投奔项梁，项梁又给刘邦兵五千余人，大将十人。刘邦从此就成为项梁部下的主力军了。当刘邦率众军进驻咸阳时，萧何送了刘邦五枚秦半两。当时的秦半两铸钱已经不多了。

大概当时取与之间常常就是几个钱。刘邦后来封萧何酂侯，食邑也多。这大概也有他当初多奉送两枚秦半两的因素。

汉五铢钱的问世

汉武帝为了整顿财政，曾在公元前119年整顿过一次货币，但效果不好。因此，公元前118年就放弃了三铢钱，在桑弘羊的主持下，开始统铸五铢钱。

汉武帝铸五铢钱的目的在于解决好铸严重，主要是改币式、币文，提高成钱难度，抑私撬盗铸，变动币重，以求能够合于流通的需要。事实上，五铢钱确实起到了这样的作用。

从史书的记载看，汉代在发行了五铢钱以后，钱币使用得更加广泛，流通的渠道也更多了。

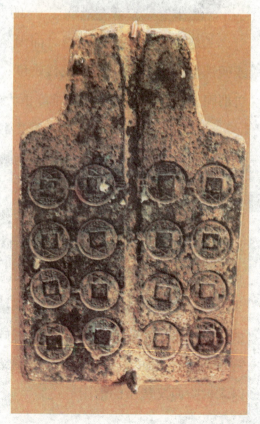

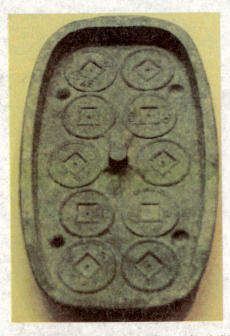

公元前118年，汉武帝诏令各郡国铸行五铢钱，称为"郡国五铢"。因其铸行于元狩年间，又叫"元狩五铢"。

郡国五铢钱与以前诸种西汉钱币有着明显区别，主要区别在以下几个方面：

一是增加钱重，法重五铢。郡国五铢钱以前的三铢钱较轻，这为私人偷铸货币提供了利润空间。因此，新的郡国五铢钱重量明显增加。

二是面背增加周郭。当时郡国经验证实，汉王朝认识到，三铢钱或四铢半两钱式虽提高了成钱难度，但仍不能抑制私铸盗铸。因此，自郡国五铢起，开始用成钱难度更大的面背皆有郭的特定钱式。

三是以规范的长体汉篆为币文书体。汉景帝铸四铢半钱时，就一改西汉传统的隶书风格币文为较为规整的长体汉篆。到了郡国五铢钱时，则正式采用规范化的长体汉篆"五铢"为其币文，其文笔结构更为严谨，书体笔画极其工整，字体修长挺拔，提高了刻范、浇铸的工艺技术要求。

四是"文如其重"。汉初以来一直采用铸行虚值货币的政策，汉武帝铸行三铢钱时，就开始逐渐采纳"文如其重"思想，试行足值货币以求维持朝廷铸币信用，抑制劣奸钱，便民使用。到了郡国五铢的铸行，则宣告西汉传统的虚值币制结束，用"文如其重"的五铢钱，以求解除西汉货币的信用危机。

经过汉武帝的这次货币改革，新的货币，即郡国五铢钱上，钱文为"五铢"，小篆书，光背，正面有轮无郭，背面则轮廓具备。

郡国五铢钱的直径2.5厘米左右，重约3.5克至4克。"五"字交笔斜直或有弯曲；"铢"字的"朱"字呈方折型，"金"字头较小，仿佛如一箭镞。少数钱上有一横划。其材料改用紫铜，因而有"发绀钱"之称。

郡国五铢钱的出现，对于打击私人铸造货币起到了一定的作用。

汉武帝时期后续的币制改革中铸造的上林三官钱，则是在桑弘羊的主持下开展的。

桑弘羊为汉武帝时大臣。自公元前120年起，终武帝之世，桑弘羊历任大司农中丞、大司农、御史大夫等重要职务，深得汉武帝宠信。他曾参与和主持了西汉王朝财政的多项改革，其中由他统铸的五铢钱意义深远。

公元前113年，为了彻底整顿货币，汉武帝采纳了桑弘羊的意见，

决定深化货币改革。

当时，桑弘羊的意见主要是：

取消郡国铸钱的权利，由朝廷指定掌管上林苑的水衡都尉下属钟官、技巧、辨铜三官分别负责鼓铸、刻范和原料；

郡国把所铸的旧钱销毁，把铜送至朝廷；

废除过去铸的一切钱币，而以上林三官铸的五铢钱为全国唯一通行的货币。

汉武帝采纳了桑弘羊的意见。

汉武帝令天下非三官钱不得行，旧币一律废罢，并责令各郡国将以前所铸的钱一律销毁，所得铜料输给三官。新币选料严格，以铜范

为母范翻铸之钱大小、式样一致，真正做到重如其文。

于是，在桑弘羊的主持下，汉朝廷决定克服过去铸币权不统一、货币名义价值与实际重量不一致这两大弊端，进行彻底的币制改革。

在当时，水衡都尉的属官钟官掌管铸造，技巧负责刻范，辨铜负责原料供应及检验铜的成色。这种新币名为"三官钱"，又称"上林三官钱"。

这种五铢钱的大小、轻重适

中，制作精细，有外廓可保护钱币不被盗磨，利于流通和长久使用。

上林三官是汉代主持铸造钱币的官员，由他们所铸规格整齐的五铢钱是钱币学与考古学上重要的分期标志,因而历来为人们所重视。

上林三官五铢钱钱文严谨规矩，"五铢"两字修长秀丽，风格较为一致。

"五"字交笔缓曲，上下与两横笔交接处略向内收。"铢"字"金"字旁有三角形、箭镞形两种，四点方形较短。"朱"字头方折，下垂笔基本为圆折，头和尾与"金"字旁平齐，笔画粗细一致。

上林三官五铢钱钱型整齐，直径为2.5厘米至2.55厘米，穿直径0.97厘米，厚1.5厘米至0.2厘米，比郡国五铢的郭略宽，而且深峻平整。钱的背面有内外郭，个别内郭四角微凸。

上林三官五铢钱的重量以3.5克至4克者为多，少数的超过4克。

上林三官五铢钱铸工精细，面背比较平整，内外郭宽窄均匀，规矩整齐。币材的颜色为红色，含铜量达到70%以上，含铅量约20%，比郡国五铢略低，但配比合理，物理性能好。

上林三官五铢钱的铸造工艺先进，多为铜范或制作极精细的泥范所造。三官钱形制及"朱"字头方折的特点，系由三铢钱继承而来，进而成为此后西汉时期五铢钱基本特征。

初期的上林三官五铢钱重量超过五铢，制作之精美前所未有，而且铸钱技术采用铜范法，铸出的钱币重量上都是一致的，绝对合乎标准，铸出的钱边缘都加以打磨，非常整齐。

上林三官五铢钱发行31年后，汉武帝去世。在此期间，铸成的钱数量很多，钱的范式也有变化。比如文字大小、书法结构都有出入。至于穿上半月、穿下半星、穿上下横、星月文等可能是识别的标志。

上林三官五铢钱不惜工本，私人铸造很难，无利可图，禁令又很严格，所以盗铸之风一时衰息。货币混乱的问题终于获得解决，币值得以长期保持稳定。这是我国古代历史上第一次把铸币权统一收归朝廷，没有强大的朝廷力量不可能做到这一点。

这次币制改革，是我国历史上第一次将铸币权完全收归朝廷的一次创举，它使五铢钱成为质量稳定的钱币，一直流通至隋末，700余年间通行不废。这与汉武帝和桑弘羊的功劳是分不开的。

拓展阅读

在众多五铢钱中，宝文中的异书现象在门类众多的古钱币中可谓独树一帜。

如有的宝文是三五一铢，有的是两五一铢等。还有些五铢钱在宝文上是简化了的，但同样是五铢钱形制。如"五金"、"五十"、"五泉"、"铢铢"等。还有一些带吉语文的，如"五铢大吉""宜官秩吉"等。还有阳文或阴文等。

对于上述文字的含义，有的是记地点，有的是记人名，有的可能是炉别暗记或记数，还有的可能是行用地所凿之记号。

五铢钱历史沿革

五铢钱是我国古代货币史上流通时间最长的货币，从汉武帝时期开始到唐高祖时废罢，流行了700多年。在此期间，先后有10多个王朝和政权，20多个帝王铸行过五铢钱。

魏晋南北朝时期，不同的经济基础和社会形态，导致不同的货币流通形势。隋文帝受周禅即位建隋后，于581年铸行统一的标准五铢钱，文曰"五铢"。这是我国历史上最后一次铸行五铢钱。隋五铢，史称"自是钱货始一，所在流布，百姓便之"。

唐王朝建立后，迅速出台了自己的铸币政策，行开元通宝钱，并确立其朝廷铸币的法币地位。五铢钱从此退出历史舞台。

　　魏晋南北朝时期的社会动乱，金属货币的流通范围减小，而且形制多样，币值不一，出现了重物轻币的现象。

　　三国时期的曹魏实行的实物货币政策，魏明帝时恢复铸行五铢钱，形制与东汉时期五铢相似。

　　魏五铢钱钱径2.5厘米，重3.4克至3.5克。钱币上的"五"字交笔弯曲，"朱"字头圆行，外郭宽，字画显得比较肥大。

　　魏明帝时期铸行的五铢钱，对经济发展起到了一定的促进作用。

　　刘备入蜀后铸造直百五铢钱大而厚重，后来铸逐渐减重，最轻薄者，不足0.8克。面文篆书"直百五铢"4个字，寄廓直读，即价值"100枚五铢钱"。

　　少数直百五铢背铭篆书"为"字，以示铸地益州犍为郡，这是方孔圆钱中最早刻记的钱。常背铸或背刻阴文和文饰，也有背铸阳文，如"为"、"工"、"王"、"十三"、"七"等字或四出文。

　　两晋是我国货币史上唯一没有铸造货币的朝代。西晋因为继承的是曹魏，所以用的是魏国的五铢钱。

　　至东晋，大将军王敦手下的一名叫沈充的参军所铸五铢钱，所以，这种钱币又称"沈郎五铢"。沈郎五铢的钱文"五铢"两字横

读，有外形。面有外郭。钱的直径大概1.9厘米，重1.15克。此钱制作工艺为模铸，既轻且小，如同柳絮和榆荚。

区区一个小吏，却有铸币行世的权利，不难看出，东晋时期对于货币的管制是十分松弛的，估计自行铸造地方货币的也不止沈充一个。

南北朝是我国历史上的一段分裂时期，该时期币制十分混乱，各个地方铸造的五铢钱在形态、重量等方面都存在较大区别。

南朝宋国铸造了一种大钱，这种大钱被称为"当两五铢钱"。当两五铢钱直径2.7厘米，穿径一厘米，厚肉，重5克，面文"五铢"文字粗壮，面有外郭无内郭，背有内外郭；钱重量均不同两汉五铢钱。

南朝的齐国一直实行货币紧缩的政策，很少铸钱。齐高帝萧道成曾计划铸钱，但没有实行。齐武帝萧颐曾经派人到四川铸铜钱，后来因为成本过高而停止。

南朝的梁国在梁武帝萧衍建国之初即铸行新钱，不仅制造铜钱，而且还制造铁钱，当时的币制相当混乱。南朝的陈国铸币不是很多，史载仅铸陈五铢、太货六铢两种钱币。陈五铢也被称为"天嘉五铢"，这种钱币直径约为2.4厘米，重为3.4克左右。

"五铢"两字篆书章法稍异："五"字交笔平直，形同两个对顶等腰三角形；"铢"头圆折而高出"金"头，外廓较宽。陈五铢后来

虽然贬值,但在南朝仍属相对稳定、流通较广的货币。

南朝陈宣帝陈顼铸行一种新的钱币太货六铢,这种钱铜质优良,轮廓整齐,钱文瑰丽匀称,铸造精妙绝伦,居南朝之冠。

北朝的北魏孝文帝拓跋宏曾经在洛阳铸行年号钱太和五铢。其形制与汉五铢类似。

太和五铢的钱体大小轻重不一,大者直径2.5厘米,重3.4克;小者直径两厘米,重2.5克。太和五铢为北魏百年后的"第一钱"。

北魏宣武帝时曾改铸永平五铢。永平钱版式复杂,大小轻重不一,大型者多为朝廷铸造,小型者多为民间私铸。钱直径一般为2.2厘米至2.5厘米,重2.2克至3.2克;面文"五铢",横读,制作比较工整。

北魏孝庄帝铸永安五铢,共有3种:一种是永安年间铸行的光背钱;第二种是永熙年间铸行的背"土"字钱;第三种是东魏孝静帝于兴和年间所铸行的背四出文钱。

在这3种永安五铢钱中,以北魏孝武帝铸行的背土字钱最具特色。该钱背部穿孔上方铸有一个"土"字,"土"字与背穿孔相连,正好组成一个"吉"字,所以当时又称吉钱,人人佩戴,以为吉祥。

北周武帝宇文邕曾经3次铸钱。561年铸布泉;574年铸五行大布和永通万国。这三种钱币形制精妙,笔法华美,素有"三大美泉"之称,被誉为六朝钱币之冠，在我国和世界的铸币史上均占有重要地位。

北周三种货币均为方孔圆钱，钱文"布泉"、"五行大布"、"永通万国"均为玉箸篆，笔画肥瘦均匀，末端不出笔锋，就像是用玉石制成的筷子写成的，肥满、圆润、温厚、匀称。

布泉一枚当西魏五铢5枚，五行大布当布泉10枚，永通万国又当五行大布10枚，即一枚永通万国要合500枚五铢钱。

北周静帝铸的永通万国钱，"永通"是永远通行，"万国"表示天下万国。可惜铸行不到四年，就随着北周的灭亡而被销毁。

杨坚于581年在北周称帝，改国号隋，这就是隋文帝。他曾经铸行了一种合乎标准的五铢钱，并禁止旧钱的流通。隋代的五铢钱与前代相比，有着自己的特点，也有深刻的历史意义。

隋代五铢面文上的"五"字笔画挺直，与明显的穿廓竖钱，组成一个横写"凶"字形，钱面外轮较汉五铢钱略宽。钱背外轮内廓肉厚，钱文清晰，形制庄重大方，有上承汉五铢，下启唐开元钱币铸造风格。隋代五铢钱币厚薄、轻重、大小差异悬殊极大，有学者曾挑出3枚较为规范的隋五铢作对比，分别为外径1.2厘米，重1.23克；外径2.2厘米，重1.92克；外径2.3厘米，重2.87克。

隋代初期严格铸行足值五铢，反映了隋文帝励精图治、使民休养

生息的治国战略，取得了全国经济的较大发展。

隋文帝颁布统一币制，并强制推行。针对私铸滥造钱币情况，一律融化为铜，依法没收。凡查出旧钱使用的地区，县令要受到扣除半年俸禄的处罚。除此之外，隋代初期还严厉打击掺假使劣。

唐王朝建立后，迅速出台了自己的铸币政策。

621年，"废五铢钱，行开元通宝钱"，确立了朝廷铸币的法币地位。同时，唐代又继承魏晋南北朝时期以绢帛为货币的传统，实行了"钱帛兼行"的货币制度。

唐代不仅制订了铸币官营、私铸非法的法律，而且实行了由朝廷买断铜、锡等铸币材料，不准私自买卖的政策，并配套出台了禁铜令、禁铸铜器令、禁销钱铸器令等法令。这样，五铢钱从汉武帝铸造直至唐高祖时的621年废罢，流行了700多年。

拓展阅读

五铢钱行早期是由郡国铸造，待铸钱权收回朝廷后，则由上林三官统一铸造，形制规矩，铸工精美，重量标准，记号统一。

但在后来的几百年间，由于各种原因，使五铢钱的形制千奇百怪。如果官炉、私铸加在一起，大小版别区别均考虑在内的话，目前已经面世的版别大约有几百个。其形制有大、小、薄、厚，有廓无廓，穿大穿小，凿穿、剪边、磨廓等多种样式。

各个王朝和帝王时期铸的五铢钱，从形制上看雷同的很少，大多各具特色。

交子与会子

交子是北宋发行的纸币，先是私铺发行，后来作为官方法定的货币流通。交子是我国最早由朝廷正式发行的纸币，也被认为是世界上最早使用的纸币。

纸币交子比金属货币容易携带，可以在较大范围内使用，有利于商品的流通，促进了商品经济的发展。

会子是南宋时发行的一种便钱，即汇票、支票之类的票据。南宋会子发行初期，由于朝廷措施得当，发行谨慎，尚能维持其币值，后期则发行额大幅上升，导致其本身价值下跌，最后完成了其历史使命。

交子的产生与消亡

　　我国北宋时期四川成都出现的纸币交子，是世界上最早出现的纸币。因此，我国是世界上使用纸币最早的国家。我国宋代出现了世界上最早的纸币交子，这绝非偶然。因为在当时，居于世界先进地位的宋代，已经具备了制造交子的条件，也就是得益于当时先进的印刷技术与繁荣的经济。

　　交子的出现，便利了商业往来，弥补了现钱不足，是我国货币史上的一大业绩。此外，交子作为我国乃至世界上发行最早的纸币，在印刷史、版画史上也占有重要的地位，对研究我国古代纸币印刷技术有着重要意义。

交子最初只是一种代替货币交易的信用凭证，即代金券。存款人把金属货币交付给铺户，铺户把存款人存放现金的数额临时填写在用桑树叶做的纸质的卷面上，再交还存款人。当存款人提取现金时，每贯付给铺户30文钱的利息，即付3％的保管费。这种临时填写存款金额的楮纸券就是交子。

宋代铜钱的标准重量是每贯5宋斤，依一宋斤约为600克计，约折合3000克。

小铁钱每贯约重3900克，大铁钱每贯约重7200克，如果带5贯大钱铁，即约有36千克重，显然携带十分不方便。由此可见，铁钱不但分量重，而且币值低。

根据有关史料记载，当时购买价值一贯铜钱的商品，必须用小铁钱约39千克；购买价值10贯铜钱的商品，必须用小铁钱约390千克。

笨重值低的铁钱阻碍着商品贸易的发展。于是，在信用、契约关系日见发达的情形下，宋代出现了人类历史上最早的纸币交子。此外，宋代朝廷经常与辽、夏、金有军事上的冲突，因此军费和赔款开支很大，也需要发行交子来弥补财政赤字。

交子的出现，便利了商业往来，弥补了现钱的不足，是我国古代货币史上的一大业绩。此外，交子作为我国乃至世界上发行最早的纸

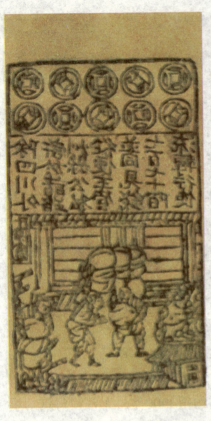

币，在印刷史、版画史上也占有重要的地位，对研究我国古代纸币印刷技术有着重要意义。

宋代最初设立的交子铺因为尚未得到朝廷认可，因此称之为"私交子"，即史书中说的"私为券，以便贸易"。在私交子大行其道的时候，也伴有问题发生。那就是少数唯利是图、贪得无厌的铺户进行金融欺诈，自制交子导致问题丛生。

为了遏制金融欺诈的逆流，北宋朝廷对交子铺户进行整顿。朝廷任命张咏为益州知府，张咏是一位廉洁爱民，有远见卓识和强烈使命感的优秀官员。他独具慧眼，认识到益州民间创造的这种纸币印制的货币代用品，是亘古未见的绝妙发明，它使用方便，便于携带，成本低，可大量制造，资源几乎是无限的。

只要严格管理，好好利用，对遭受战乱的益州经济恢复和发展，乃至全国经贸都会发挥无可估量的巨大作用，它的优越性是无可比拟的。于是，张咏从众多交子户中，精心遴选信誉良好，财力雄厚，以王昌懿为首的16户，作为官方认可，支持保护的交子特许经营户。要求16户严格监督管理私交子的印制、发行、运营，保证自由交换和随时兑现。这样，私交子的发行取得了朝廷认可。

交子在16户富商主办之前，是由民间一些小的商家私自发行的，他们发行的交子比较零散，没有统一的形制，和普通收据类似。这种交子盖有商号的印记并有密押等，可携带铁钱的数目填写金额。

发行交子的目的是为了代替铁钱，行使方便。铁钱持有者可持铁钱到发行交子的商号换取交子，然后到市面流通。任何交子持有者，都可拿交子到发行交子的商号兑换铸币。所以，交子是铁钱价值的符号，起着纸币的作用，这一点是很明显的。

十六户大的富商主办时，交子就有了统一的形制。纸质相同、形制统一、印制精美、质量上乘的私交子以崭新面貌走向市场，受到商家民众的欢迎，逐步接受并乐意使用。世界第一张纸币就此诞生了。

以张咏和王昌懿为首的商户们敢为天下先的创新精神，为人类文明发展史上写下了浓墨重彩的一笔，益州人这种历史机遇和辉煌的贡献是唯一的。

交子发行后，随时可以兑现，兑现时每贯要收费30文。交子流通甚广，特别是每年丝、蚕、米、麦将熟时，商民需要较多的流通手段和支付手段的交子，所以这时交子发行量最多。

后来这10多户富商衰败下来，资金呆滞，发生亏损，终于不能兑现，交子信用破坏，于是争闹不断发生，最后终于被收归官营。

1023年，朝廷在益州设置掌管交子流通印制的交子务。交子务建

置前后，交子形制大体成型。但当时谁也没有想到，这是一个影响巨大的历史性的创举。担当设立官办交子务，再度发行纸币重任的，是一位来自河东路的益州转运使薛田。

薛田到四川益州上任时，他发现民间因铁钱笨重而用纸券流通交易的现象。独具慧眼的薛田将流通领域出现的特殊情况上奏朝廷，建议朝廷设立专门的交子管理机构，变交子私营为官办，由朝廷印刷发行。薛田的主张几经周折，历经两代皇帝，至宋仁宗时朝，才接受了这一建议，在益州设置了我国第一处官办交子务随后发行官交子120多万贯。从此，交子成为宋代的法定货币，与铁钱相权而行。朝廷逐渐掌握了交子的运作规律之后，就改为官办，称为官交子。

交子务建置前后，薛田为官营交子制订了若干措施，交子之法遂大体完备：

一是规定交子务委益州同判，专一提辖，由州保差京朝官一员任监官，后增一员；下设掌典，贴书、印匠、雕匠、铸匠、杂役各若干人，廪给各有差。

二是制订兑界，以两年为一界，界满以后界新交子易上界交子；每贯克下30文入官,称为"纸墨费"。

三是制订界额和本钱，界以125.6340万贯为额，备本钱36万贯。本钱就是现在所说的准备金。

四是交子的面值定为1贯至10贯，共10种。交子用益州铜印及敕字、大料例、年限、背印、青面、红团等印。禁私造交子纸，造者，"罪以徒配"。

在薛田的努力创造、精心经营下，我国官方纸币交子的发行流通，不仅仅给百姓在商业贸易中带来了诸多的便利，朝廷更是获利丰厚。官交子也和私交子一样，依据持现钱人的托付，将携来的现钱进行调换，把钱数写到交子票据上，这个票据就是官交子，是由官府交子务发给的。这种官交子同样可以随时兑换现钱，不过要求兑换现钱时，也是每贯收取手续费30文。

官交子的发行和流通有以下规定：首先有一定发行限额和流通期限。《文献通考》说道："交子，天圣以来，界以百二十五万六千三百四十为额。"

所谓"界"，就是交子流通的期限，期限一般是两年或三年，到期更换新交子，调换旧交子。兑界制度是从官交子实行时开始的。

官交子制度的最初实行并不是为了搜括钱财，而是适应社会经济发展的需要，适应商业及民间周转支付所需。这对当时经济的发展和人民生活的安定，起了一定的积极作用。宋代交子实行官方发行之后，朝廷突然发现，纸币实在是个好东西，不用什么本钱，只要在一张纸上印上几个字，就可以当真金白银使用，换来实实在在的财富，实在是无本万利的好买卖。

当时的朝廷对经济规律一无所知。要养兵，便印交子，要打仗了，又印交子，打完仗要犒赏诸军，还印交子，就算是太平时节，朝

廷想要采办些什么东西，自然仍是印交子比较好。

宋代朝廷利用交子来弥补财政支出，但并不置准备金而不断增发，使交子在流通过程中不断贬值。

到宋神宗熙宁年间时，四川交子开始两界同时使用，已有通货膨胀现象。后来的发行量更大。宋哲宗以来，交子泛滥达到高峰，至大观年间增发多达2000多缗，因为没有准备金，交子面额不断下跌。

至宋徽宗时，交子便恶性膨胀。

1105年，北宋在江北、华北地区发行了称为"钱引"的新式样的纸币，但是只印了一界就因为流通不畅不能顺利使用而停印。

1107年，四川的也改为钱引，并改称交子务为钱引务。由于数量发行过大，引起了钱引的严重贬值。

钱引与交子最大的区别在于其以缗为单位，不置准备金，不许兑换，可以随意增发，因此，导致纸券价值大跌。

至南宋嘉定时期，每缗只值现钱100文。

南宋时期，在金国势力控制下的北方，市面上流通的货币依旧是宋钱。而鼓风扇火、铸造钱币的铸钱监都在南方，所以宋钱不断北流。这对南宋的财政经济自然是一个严重问题，因此朝廷不能不设法制止。此外，由于南宋以来，以钱引供籴本、给军需，增引日多。据

《通考·钱币考》记载："绍兴七年，通行3界，发行数达3780余万贯。末年，增至4147万余贯，而所有铁钱仅及70万贯。"

1110年限制发行量为天圣时的125万贯左右，对流通地区也限在铁钱行用的四川、陕西、河东地区，后又采取了受兑、停用旧钱引，增加准备金等多种方法，使钱引的价值得到恢复。

1204年，两界发行5300余万缗。

至1208年，每缗值铁钱不到400钱，有的地方仅值100钱。在这种情况下，朝廷及时以金属币收兑跌价的纸币，限制纸币的发行量，规定纸币使用的界限以及按期调换等，以维持纸币的购买力。

1256年，朝廷又作了一番的整顿，改钱引为四川发行的新币会子，直至宋朝末期，未再更改。这些调整，就货币形态而言，是更加完善了。

1165年，南宋朝廷决定在两淮地区，实行铜钱、铁钱、会子、交子同时并用。这样一来，引起了两淮市场的混乱，成为南宋货币最混乱的地区。

宋代的交子作为一种纸币，体现了纸币产生和流通的规律。宋代的纸币交子本身并无价值，它是代表了实际流通中的铁钱的价值。交子的发行和流通一定要符合实际商品流通中所需要的铁钱数量，如果超额发行，必然要引起贬值，甚至引起自身崩溃。

交子在一个相当长的时期内保持了

币值的稳定，其中有两个原因：第一，以铁钱作为交子的本位，铁钱是低贱的钱币，但唯其低贱，却对交子的币值稳定起了良好作用；第二，朝廷采取了维持纸币购买力的措施，严格控制发行量。自天圣初年开始，每界交子的发行额控制在一定数量，绝不滥印滥发。

交子的币价稳定大约维持了50年。宋神宗时将每界交子行用期延长至4年，两界并用，实际上就相当于每界发行额增长一倍，这不能不引起贬值。

由于朝廷不能有效地控制纸币的发行量，当出现巨额财政开支需要时，朝廷往往利用手中的权力，滥用公信力，无限制地发行纸币，最终造成通货膨胀，从而使纸币丧失了信用，也就变成了废纸，很快导致了北宋交子货币体系的崩溃，以至于交子的消亡。

拓展阅读

关于"交子之父"，在学术界有3种说法：

"张咏说"认为，张咏挑选出以王昌懿为首具有相当实力的16户富商连保发行交子，完成了私营交子官办化、规范化。

"薛田说"认为，薛田知益州，将交子收归官办，创办益州交子务。

"王昌懿说"认为，王昌懿当时即是16户之首，也属于最早私交子铺户之一，在交子运行中发挥作用最大。

其实，"交子之父"是谁并不重要，关键是经过他们的努力，我国发行了世界最早的纸币交子。

会子的诞生与消亡

会子是南宋于1160年，由政府官办、户部发行的货币，仿照四川发行钱引的办法发行。会子是宋朝发行量最大的纸币，起源于临安，也称作"便钱会子"。

会子之法经南宋朝廷历次整顿，始臻完备，与四川钱引法大同而小异。但朝廷财政的困难，使得南宋君臣不久便破坏了自己制订的会子的兑界和界额。

至1247年，会子的恶性膨胀使造新换旧已不可能。至此，会子的货币职能自难保持。

　　会子，是南宋由朝廷官办、户部发行的货币，是两宋时期发行量最大的纸币，起源于临安，也称作"便钱会子"，即汇票、支票。

　　1161年，南宋朝廷设置会子务。1162年，宋孝宗即位。

　　1164年宋金达成和议，宋孝宗立即着手整顿会子。1165夏，宋孝宗命户部开始印制面额分别为200、300、500和一贯的会子，规定只能在两淮流通，不得过江。

　　由于当时限制会子流通，这使得民间买卖感到不便。了解到这一情况后，南宋朝廷解除了两淮铜钱、会子不能过江之禁，允许民间会子做现钱输官。经过对会子的整顿，南宋的经济秩序趋于稳定。

　　1166年，南宋用皇宫的府库内库和南库储藏的钱币100万两收兑会子，第二年又以内库银200万两收兑会子焚毁。这两次的收兑资料出处

不一，可能后者包括前者。

　　从1161年至1167年，南宋共印造会子200多万贯。规定州县不许民户输纳会子，外地商人低价收买会子，运到临安兑钱或向各地榷货务兑物，造成六榷货务的供应紧张。

　　1175年，辛弃疾曾在奏疏中谈到会子贬值的情况，大概达一成以上。于是，朝廷采取货币回笼措施，用金银铜钱等收回，出现了商旅

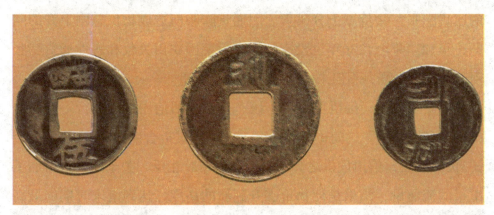

往来，竟用会子的情况。商人用会子的好处是免除了金银的商税，节省了运费。贬值情况大大改观。

1176年以后，会子的发行不断增加。

至1189年已达到4000多万贯，超过了规定两界发行额的一倍以上。虽然发行额大大增加，而会子币值却继续保持稳定。

宋孝宗年间的会子流通，曾被南宋代臣们誉为"楮币重于黄金"或会子"重于见钱"。纸币重于黄金或现钱虽是溢美之词，但反映了当时会子确有相当的稳定性，受到了民间的欢迎。

当宋孝宗看到新印会子的数额时，就对会子的贬值存有戒心。他多次告诫朝臣要谨慎对待会子流通，会子的发行数量决不能过多。他曾表示自己因担心会子贬值"几乎十年睡不着"。

南宋的通货膨胀始于宋宁宗年间，因为宋金作战，军费损耗极大。至宋宁宗后期，每于会子发行过多，朝廷便另外发行新会子，以旧会子二换易新会子一的比率，收兑旧会，引起米价、田价及物价的上涨。这时期的纸币发行量已达2.3亿缗，但是与后期的恶性通货膨胀相比较，还是十分轻微。

宋理宗于1225年即位，改年号宝庆。宝庆年间承袭嘉定遗留下来的通货膨胀,物价不十分昂贵。因通货膨胀而造成物价急剧上升的问题,至1234年至1236年也没有解决。后期因农田失收和恶性通货膨胀引起的物价飞涨,不但未能遏止而且更为严重。

宋度宗初年,佞臣贾似道当国,企图挽回信用,遂发行一种新的纸币"见钱关子",简称"关子"。关子每贯折合铜钱770文,18界会子3贯。然而,信用危机之弊并未因此而革。相反,关子的发行增加了纸币的流通量,结果是使物价涨升到新的高度,达到南宋时期的最高峰。信用危机再也未能挽回信用。不数年,元兵南下,会子、关子便与南宋一起消亡。

物价过于低落,百姓的购买力不高,经济萧条将引发经济危机。而在适当的时候,朝廷采取轻微的通货膨胀政策,物价上涨并不是一件坏事。但是,当通货膨胀呈现恶性化,纸币贬值,物价急剧飞涨以后,货币制度紊乱甚至破坏,最终将导致经济崩溃。南宋会子消亡的原因,就在于此。

拓展阅读

宋孝宗赵昚即位后,对一直拮据的财政问题,他尽量减少不必要的开支,还常召负责财政的官吏进宫,详细询问各项支出和收入,认真核查具体账目,稍有出入,就一定要刨根问底。

为了改变民贫国弱的局面,宋孝宗非常重视农业生产,不仅每年都亲自过问各地的收成情况,而且还十分关注新的农作物品种。

一次,范成大进呈一种叫"劫麦"的新品种,宋孝宗特命人先在御苑试种,发现其穗实饱满,才在江淮各地大面积推广。

金银与纸币

黄金和白银作为贵金属，都曾作为货币先后出现在历史舞台上。

首先是黄金在秦汉前后被广泛使用，然后是白银在宋代开始登台唱主角，并且逐渐以合法货币的身份登上经济流通舞台。金、银在货币流通史上的代兴，对当时的社会经济生活产生过重大影响。

纸币始于北宋交子，当时使用的交子、会子和关子，堪称人类最古老的纸币。随着纸币的发展，越来越多地涉及文字演变、书法艺术、雕刻和印刷水平等广泛的领域，形成了我国特有的纸币文化。

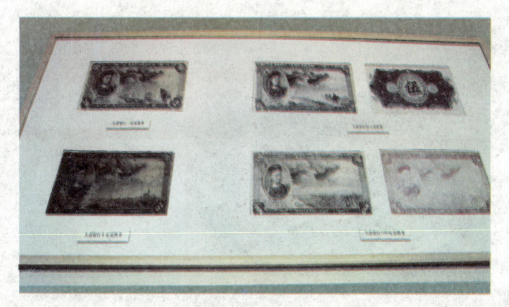

我国古代黄金货币

　　我国古代，随着商品经济的发展，春秋战国时黄金成为一般等价物，成为贵重的货币。战国时，随着商品经济的发展，和政治交往的频繁，黄金作为价值尺度和作为支付、贮藏手段，大量使用。

　　从我国5000年的历史来看，我国与世界其他民族一样，黄金在我国历史上也是财富的计量单位和拥有财富象征，黄金在人类社会中的地位非同一般。

　　由于我国黄金总量上的缺乏，使得黄金很难成为财富流通中介的主角。在我国近代历史上承担流通货币功能主角的是白银。

　　我国是世界上最早使用黄金的国家，在商代的墓葬中就曾发现过用金叶制成的龙纹装饰品，至战国时期黄金已经发展成为重要的货币之一。

　　我国古代的黄金主要产于楚国。楚国有一种有铭文的金钣，这种金钣大多呈方形，少数呈圆形，上面用铜印印为若干个小方块，看似乌龟壳。完整的重约500克，含金量一般在90%以上。

　　金钣上的铭文有郢爰、陈爰、专爰、隔爰等。这些带"爰"字的金钣，习惯上被称为"爰金"或"印子金"。爰金有形制、铭文、重量，是楚国的一种称量货币。

　　爰金在今湖北、安徽、陕西、河南、江苏、山东等地均有发现，尤其以郢爰为多。

　　"郢"是先秦时楚国都城的名称，首都郢始建于公元前689年，位于湖北江陵，后几经迁移，公元前278年秦军破楚郢，楚王迁至陈城，即今淮安。至公元前241年，考烈王又在寿春即今寿县建都，名为郢。

　　"爰"是楚国的重量单位，一爰，即楚制一斤，约250克。从出土

实物来看，整块金钣的"郢爰"每件约重250克至260克，正面都刻有排列整齐的"郢爰"印记，印记多少不等。

战国时期黄金的流通限于上层社会，而且只在国际礼聘、游说诸侯、国王赠赏、大宗交易时才使用。它是我国最早的原始黄金铸币。使用时，根据需要将金钣或金饼切割成零星小块，然后通过特定的等臂天平，称量使用。

黄金作为法定货币，在我国只有秦和西汉时出现过。秦的金饼不同于珠玉、龟贝、银锡等器饰宝藏，已经是货币，担负着价值尺度、支付手段、贮藏手段等职能。由于黄金价格昂贵，币值很高，在使用时要求称量的准确度极高。

金饼是货币的原始形式，只能切割使用，没有明确的面值，需要经过天平称量确定其价值，属于称量货币而不是铸币。

汉初沿用了秦代的货币制度，黄金与铜钱并行。西汉是有记载的黄金使用最多的时代。那时黄金一般被做成饼状、麟趾或马蹄的形状，每斤约值1000钱，主要用于大额交易、储藏、赏赐、赎罪等，发行量很大。

西汉的一斤万钱仅为大致比价，实际价格是以当年各郡守所治理的郡县内黄金的年平均价为标准换算的。因此每年的价格应该有所波动，而且各地的价格也可能有所不同。据《汉书》记载，从高祖以至平帝，帝王对臣属的赐金，合计达90万斤，西汉时黄金货币的支付，数量很大，一笔支付，动辄千万斤。

《汉书·食货志》记载：卫青率兵反击匈奴后，因功受赐黄金20余万斤。像这样的巨额积蓄和支付，在我国历史上算是最高峰了。那时的"斤"和今天的"斤"比起来，要小得多得多，大概相当于250克或者更少，金子的纯度也比较低。

汉武帝时曾经发行的白金三品货币并不含黄金，这只不过是银锡的合金，很快就贬值废止使用了。

至王莽时期，从8年至23年，王莽以币制改革的方式大量的搜刮民间的黄金。例如金错刀每枚当五铢钱5000枚，以当时黄金一斤价值1万钱算，两枚金错刀可兑换黄金一斤。王莽用一两多的铜，就可强行收兑百姓一斤的黄金。

据记载，王莽灭亡时宫中藏有黄金达70万斤之多，这可能是自东汉开始民间黄金使用量减少的一个原因。另外自东汉起，我国就停止了将黄金作为机制货币使用，这是为何以后各时期的黄金使用量都没有西汉多的原因。

　　而且另一种贵金属白银，开始在东汉以货币的形式流通。这使得在赏赐功臣或贿赂权贵时，黄金有了其他的替代品，此类事情在史料上可以找到相关记载。

　　自东汉起直至魏晋六朝时期，时常的战乱以及政局的不稳定，都严重影响了黄金的开采，这是此段时期黄金使用量下降的重要因素。这里需要注意的是，黄金使用量的减少是指大规模的使用减少了，而民间小量的流通仍然是没有间断过。

　　黄金的低迷状况到了唐代得到了改善，稳定的政局和旺盛的国力使黄金的使用又得到了增强。在大量的对外贸易中，黄金和白银成了唐代主要的支付手段。

　　由于唐代实行的币制是钱帛本位制，因此黄金仍然主要充作保值手段，而白银也已开始作为流通货币使用，只不过使用范围很狭窄，使用量也不大。在这种情况下，金、银、钱相互之间的兑换就必不可少，兑换业务便由此产生，出现了经营货币兑换业务的机构金银铺。

　　两宋时期，白银已具有货币的各项职能，使用量进一步增大，商品也开始出现以白银作为价值尺度来衡量的状况。

　　这种状况到了元代则得到全面发展，这主要是受到北方少数民族尤其是女真族和蒙古族的影响，因为这些少数民族一直是以白银作为货币来进行流通的。

　　1260年，元世祖忽必烈即位不久，便铸了一批每个重50两的元宝。元宝的名称虽然早在铜钱上用过，但白银的元宝，却是元代宝货的意思。而此段时期黄金在使用上并没有什么变动。

　　明代的货币制度归纳起来可以分为：钞、钱、银。明代早期用钞不用钱，禁止民间以金银交易，后来改为以纸币为主，铜钱为辅，钱钞并用。至明代中叶以后，随着商品经济的发展，白银的流通更加广泛，尽管朝廷禁用金银交易，但民间一直在使用白银。

明英宗年间，明代朝廷对这种状况先是默认，后是承认。

明代在法律上由于允许白银的使用，白银的流通便公开化，朝野上下都使用白银，白银取得了价值尺度和流通手段两种基本职能，成了正式通货，并且形成了一套完整的白银流通制度。此时的铜钱仍为辅币。与之相对应的是，随着白银的普遍使用，黄金渐渐退出了流通货币的范围，主要作为贮藏和装饰用了。

清代基本上继承了明代的货币制度，实行银钱平行本位，大数用银，小数用钱，而且银钱之间比价大体维持在1000文一两上下。朝廷的重点在用银，尤其不主张用钞。此时的各种交易中，已经极难再见到黄金的影子了。

拓展阅读

王莽当政时宣布实行黄金国有政策，发出禁令，从列侯以下不准私藏黄金，必须送交国库换回等价物品。

然而等价交换的承诺并未兑现，一斤黄金只能换回两枚铜制的"金错刀"。短短几年中，王莽皇宫内就藏数百吨黄金。

私有财产得不到法律保护，民间财富积累的通道被阻断，社会动乱由此而生。到了各路义军直逼长安后，这时的未央宫内还储存着大量黄金。几天后，未央宫被大火焚烧坍塌，王莽储藏的黄金从此去向不明。

我国古代白银货币

　　自宋代起，白银货币开始广泛流通，国家财政支出和收入、民间的商业往来和大额支付以及国与国之间的贸易交往，大都使用白银来结算。曾先后在各地被铸成各种形状、各种重量、各种含量的银饼，铤、锭和牌等各种版本的银块。

　　明清以来，由于各地铸造的银两的形式、重量、成色均不统一。银两交易时，人们都必须通过称重量验成色等计算手续，为交易带来诸多不便。

　　随着西方货币和金融制度进入我国，银两的使用受到银铸币银元的大力冲击，旧式的银币渐渐被近代货币银元等所取代，旧式银币才退出了货币流通领域。

春秋战国时期，随着金矿开采和冶炼技术能力的提高，特别是经济发展后货币供应量的增长，金银逐步取代了成色不一、来源不定的珠玉，只是远不如铜币那样广泛。

到了秦始皇平定天下，统一货币，定国之币为三等时，只有上币的黄金和下币的铜钱，而珠玉龟贝银锡之属为器饰宝藏，则不为币。其中的白银没有进入货币流通领域。"王莽改制"时，在公元10年推行过"宝货制"，铸有少量的银币，但铜钱仍然独霸天下。主要是因为当时的铜矿比较好找，冶炼技术已相当成熟，能够跟得上当时经济增长变化的需要。

直至唐玄宗时，另立"通宝"，取代历代"五铢"，也没有动摇过铜本位的坚强地位。使白银重新进入流通领域是唐宋以后的事情。有学者认为，唐代白银登上了历史舞台，由一般的贵重物品或装饰品而迅速地转变为正式货币，完成了我国货币史上又一次重大变革，这就是银本位制度的初步确立。

作为货币，白银在唐代的出现和使用范围，应当与其海外贸易有关。但还不足以成为支撑当时我国经济全局的货币本位。因此，唐代银本位制度还处于始发阶段。

宋代商品经济的发展和规模更上了一层楼。尽管鼓铸铜钱的规模空前，但仍然不能满足当时日益增长的物质和文化生活的需要和备战用兵的费用。以致虽有"大钱"、"小钱"之争，但仍屡有"钱荒"之困。为解决"钱荒"之难，1048年，朝廷改革原有的解盐法，实行钞盐制度。同时，大额货币也呼之欲出，这就是金、银作为货币职能的实施。

据《建炎以来朝野杂记》中的《财赋》记载，宋太宗在997年白银税课近15万两，而宋徽宗时年入已经达至180多万两。于是，宋徽宗除了铸金钱外，又铸银钱21万余两，其后银又增90万余两。

金、元入宋，也延其形制，铸造银锭，以解州盐税银为例，每锭为50两。《金史·食货志》记载："旧制银每锭50两，其值100贯"。

从此以后，更大面额的货币，也只能是纸币了。最初是以"交子"为券，后来解州盐引也参与了交易，金、元两代延续下来。

忽必烈定鼎中原，元帝国空前庞大，不但打通了我国南北东西阻隔已久的通道，而且中西陆海商道上是驼队踵继，舳舻相望。贸易规模的空前增长，带来的必然是货币需求的激增。

元代是用纸钞来解决这个困难的，但其间有一个重要变化，就是纸钞的货币单位铜钱制"贯"，可以直接换算成白银制的"两"。

忽必烈规定，当时印行的"中统元宝交钞"和"中统元宝钞"，每贯等于丝钞一两，二贯等于白银一两，而且银钞可以互易兑换。

横越亚欧的汗国以及稍后的印度莫卧儿王朝，与元帝国是银本位的实行者，连接欧亚大帝国的财政纽带，也必然是金银一类的贵金属货币。因此可以肯定地说，元代银本位制度的确立，是世界性贸易扩展的结果。

至明代，白银走向了完全的货币形态。明代末期是我国历史上一个重要的时间段，其重要意义就在于，它处在一个重要的历史转折时期，是我国古代社会向近代社会转型的开端和经济全球化的开端，在这其中，白银则扮演了极为重要的角色。

白银作为一种金属货币，在明代中后期曾被大量使用，是我国最主要的通货。明代是当时国际白银市场的国际购买者。明代将白银作为货币是自民间开始，经历了自下而上的发展历程，至15世纪末16世纪初以后，才为官方所认可，自上而下地展开。

因此当我们翻开明代史籍，有关典章制度的记载中，唯见"钞法"和"钱法"，并不见白银，或者说"银法"。这说明了白银不是明代的法定货币。

随着朝廷财政收入慢慢白银化，随之而来的就是朝廷财政支出相应的白银化，主要表现在皇室日常开支，官员俸禄的发放，军饷的调拨等。至此，白银作为从民间发起的货币行为才被朝廷所接受。

清代初期，在朝廷的财政收支和国内外工商贸易的交往中，除小额零星支付用铜钱外，绝大多数经济行为都是以白银作为支付手段。民众以拥有白银作为财富，金融机构以白银为库存，银行间结算也以白银为标准。白银成为我国当时最主要的流通货币。

当时的外国人却非常喜欢我国的茶叶、生丝和瓷器等商品，这就使得我国商品能够大量进入外国市场。当时我国货币市场上习惯以白银作为支付手段，因此这些外国商人常常是"开着满载银元的商船来到中国"，然后"购买满船的中国货物回去"。

当时流入我国的外国银元种类很多，有西班牙本洋、墨西哥鹰洋、英属地银元、日本龙洋等，其中西班牙本洋是流入我国最早的外国银元。

拓展阅读

外国银元的大量流入，虽然在一定程度上刺激了我国的经济发展和货币改革，但由于资本主义侵夺扩张的本性，这些银元的流入对我国的民族经济造成了重大的负面影响。

清代后期，由于各种因素，我国白银开始持续地外流，我国逐渐由国际白银市场的国际购买者变为被动求购者。

元代纸币制度的确立

元代是我国古代史上纸币的鼎盛时代。成吉思汗时代，以白银为市贸流通，其后受宋、金影响，开始在占领区内发行纸币。忽必烈登基后，推出了"中统元宝交钞"。这种钞票发行之初，以白银为本位，任何人持中统钞都可按银价到官库兑换成白银。

整个元代以中统元宝交钞为主，它于元代始终通用。各种支付和计算均以之为准。统钞的发行，标志着元代纸币制度的确立，作为支付手段与金、银有同样的价值。

"中统元宝交钞"成为国内唯一合法的流通货币。这在世界货币史上是一个伟大创举。

元代纸币的发行，以时间和流通特点可大致分成以下3个阶段。

第一阶段是元世祖忽必烈即位以前，其间共30多年。当时蒙古人尚未取得对全国的领导权，被征服区发行的纸币名称各异，互不流通。

第二阶段是1260年至1279年。

忽必烈于1260年登基后，发行以丝为本的交钞，并在同年10月进一步推出中统元宝交钞。这种钞票发行之初，以白银为本位，任何人持中统钞都可按银价到官库兑换成白银。

中统元宝交钞是我国现存的最早由官方正式印刷发行的纸币实物。这种纸币已与现代的钞票别无二致。中统元宝交钞在元代有极重要的历史文化地位，一直行用至元代末年。

从1285年起，元在全国禁用银钱市货，中统元宝交钞成为国内唯一合法的流通货币。中统元宝交钞为树皮纸印造的，钞纸长16.4厘米，宽9.4厘米，正面上下方及背面上方均盖有红色官印。正背左上方盖黑色长条形合同印。纸质柔软，颜色青黑。

以"中统元宝交钞壹贯文省"为例，钞面上方横书汉文钞名"中统元宝交钞"。花栏内上部正中"壹贯文省"4个字，面额下为横置钱贯图。

两侧竖写九叠篆汉字和八思巴文，右侧汉文"中统元宝"，八思巴文"诸路通行"；左汉文"诸路通行"，八思巴文"中统元宝"。

钱贯图右为"字料"，左为"字号"。字料上方盖一字，可能是

"微"字，字号上方盖"师"。钞面上下依稀可见各盖有红印一方。钞票的背面有"至延印造元宝交钞"字样墨印一方。

中统元宝交钞以银为本位，以贯、文为单位，面额有两贯文、一贯文、500文、100文、50文、30文、20文、10文共9种。中统钞每两贯可兑换白银一两。

这种货币不受区域和时间限制，朝廷收税、俸饷、商品交易、借贷等使用宝钞，并允许用旧钞换新钞，这样中统钞就成为通行于全国各地的统一货币。

第三阶段由1278年至元代灭亡，共约90年。这个阶段可大致以1350年为界分为两个时期。

前期纸币流通出现了轻微的通货膨胀，纸币管理还算井井有条；后期币值狂跌，元代朝廷由经济上的崩溃导致了政权的灭亡。

1286年，元代朝廷印造至元通行宝钞，即通常所说的至元钞，与中统钞并行使用，规定中统钞与至元钞的兑换比价是5：1。

至元通行宝钞用桑皮纸印刷、呈深灰色，因此又称"楮币"。至元通行宝钞长28厘米，宽19厘米，钞首通栏横书"至元通行宝钞"，下面是蔓草肥叶硕果纹饰框，框内上部有钞值"贰贯"字下有两至四

串铜钱，左右各有一行八思巴文，意为"至元宝钞，诸路通行"。

在纸币政策方面，为了适应经济发展的需要，元代朝廷先以行政命令的方式强制纸币的流通，又采取措施保证纸币与金银同等的货币作用，后来逐渐为广大民众所接受，最后纸币终于在元代朝廷所辖区域广泛流通起来。

元代朝廷远在漠北的和林，即今蒙古共和国库伦西南、西北的畏吾儿，即今天山南路一带，都设置了纸币管理机构，在海南岛地区是否设立纸币管理机构文献无证，但那里也有纸币流通。

另外，元代朝廷为了确保纸币的权威性得到民众的认同，纸币的发行有足够的金银准备金作为后盾，基本上做到了有本发钞，决不滥发。1260年规定："诸路领钞，以金银为本，本至乃降新钞。"

纸币的发行以金银作为后盾，这对保证纸币的信用，促进纸币的流通起了积极作用。显然，初期纸币的发行实行金银准备金的做法是正确的。

只有这样，纸币作为流通手段的职能才能得到民众的信赖。否则，纸币根本无法通行。

元初纸币的发行权统归朝廷，严格控制发行额。在中统钞使用的最初20多年的时间里，每年的发行量不过几万至几十万锭，这对疆域辽阔的元代而言是并不多的，它和后期元代朝廷每年发行几百万锭相比，显然是非常有节制的。

正是由于纸钞价值的稳定性和权威性，民间才出现"视钞重于金银"的现象。元代朝廷的这项纸币政策，恰好反映了纸币流通的特殊规律，即纸币的发行限于它象征地代表的金或银的实际流通数量。

元代朝廷以诏令的形式颁布的纸钞管理条例很多，全部具有法律效力。元代的纸钞管理条例主要以两个"条画"和若干具体法令规定构成。

这两个条画是1282年中书省颁布的《整治钞法条画》和1286年由尚书省颁布的《至元宝钞通行条画》。其中，《至元宝钞通行条画》是我国历史上第一次出现的较为完备的不兑换纸币管理文件。

《至元宝钞通行条画》综合了自有纸币以来的管理经验，以一个专门文件的形式作为朝廷的法令规定下来，不但从制度上、政策上看是空前的，从纸币管理的思想上来看，也达到了成熟的水平。

当时，朝廷的一切经费出纳都以中统元宝交钞为准，于商旅货运也极轻便。元时来华外商与外宾，看到仅是一张印刷品的元代纸钞可以购得各种商品，与金

银无异，都深感奇特新鲜。

元代纸钞不仅通行于内地，而且也通行于边疆各少数民族地区，今西藏、新疆、云南、东北各地无不流通。对此，不仅有古代文献可证，而且还有许多有关元代的出土经济文物可以证明。

其中的中统钞，大概由于信誉昭著的原因，其流通领域又并不只限于国内。在东南亚许多地方，直至明代仍有流通。

可见，元纸币实际上在当时国际商业交往中已成为通用货币。另外，当时一些国家不但欢迎元代纸币在其国内流通使用，而且还仿效发行自己的纸币。这类情况在亚洲各国家中出现过，最早在波斯出现，足见其世界影响之大。

元代建立起世界上最早的完全的纸币流通制度，是我国历史上第一个完全以纸币作为流通货币的朝代。元代商品交流也促进了元代交通业的发展，改善了陆路、漕运、内河与海路交通。

拓展阅读

元世祖忽必烈建都上都城后，曾想仿效宋代以铜钱为主要流通货币，但有大臣劝阻道："铜钱乃华夏阳明政权之用，我们起于北方草原地区，属于幽阴之地，不能和华夏阳明之区相比，我国适用纸币。"

忽必烈认为有理，便决定用纸钞而不用铜钱了。

忽必烈把钞票引入流通领域，并使它成为财政的基础。1264年，他颁布了一条法令，公布了用纸币来计算主要商品的价值。最后形成了元代长期、广泛、大量地发行和流通纸币的特点。

明代纸币 大明宝钞

大明宝钞是明朝官方发行的唯一纸币，该纸币贯行于明朝270多年。1375年始造。宝钞的印制和发行始终是集中于朝廷，这种统一性是前代不曾有过的。

大明宝钞印框高约30厘米、宽约20厘米，是世界上面积最大的纸币。宝钞分：壹贯、五百文、三百文、二百文、一百文。

大明通行宝钞不兑现，不分界，不限地区和流通时间，不规定发行限额，没有发行准备金，不改币名和形制，币制始终如一。明代中叶以后，宝钞已无人使用了。

明太祖朱元璋建立明代后，为了在全国实行统一的铜钱流通制度，于1368年颁布洪武通宝钱制，规定除了京城宝源局外，各省均设宝泉局铸造洪武通宝。按照朱元璋的愿望，是准备从此行用铜钱的。

但是事情并没有按照明太祖希望的那样发展。

一方面，由于朝廷财政力量不足，铜源短缺，铜钱铸造数量有限，出现供给困难，同时官府为了得到足够铜材，令人民以私铸钱及铜器输官的做法，引起民间的不安。

另一方面，随着商品经济发展，贸易用钱量增大，不便携带的铜钱成为商业周转的弊端，已经习惯于用纸币交易的商贾们不愿重为铜钱所累。

在这样的情形下，明太祖决定改用纸钞。"大明通行宝钞"就是在这样的历史背景下产生的。它始行于1375年。

大明通行宝钞是明代朝廷统一印制并在全国发行流通的纸币。在开始流通的20年间币值比较稳定，以后不断贬值，至成化年间一贯只值铜钱一文，至弘治、正德年间，钞法实际上废止不行。

尽管大明通行宝钞的流通越到后来越不尽如人意，但明代只使用大明通行宝钞一种纸币，为历代所独有。

个中缘由，除了始终集中由朝廷统一印制、发行和管理外，其防伪之功也不可没。

大明通行宝钞上采用了前代纸钞所没有的防伪措施。为防范纸钞伪造，历代都采用特殊的材料，并掺有其他物质来制作钞纸，尽量使造假者难以仿制。

如北宋的交子，就是采用楮皮制造楮券；元代制钞主要用桑皮纸；明代钞纸也用桑皮造，是取用长纤维纸浆桑穰为主料，同时，大量使用废弃的公文纸打浆作为配料。

在11种不同面值的大明通行宝钞中，票幅最大的就要属一贯钞了。一贯钞票长33.8厘米，宽22厘米，它不仅是我国也是世界上迄今为止票幅最大的纸币。

关于大明通行宝钞，它的背后还有一段有趣的故事呢！而且，这个故事还与明代历史上的一位重要人物有关，这个人就是明太祖朱元璋的皇后马皇后。

马皇后是今安徽省宿州人，元代末期农民起义军的首领郭子兴的养女。朱元璋投奔义军郭子兴后，郭子兴以她相嫁。

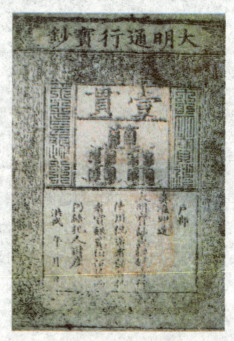

战争期间，马皇后组织妇女制作军衣、军鞋，支援前线。太祖称帝后，她被立为皇后。她曾劝说朱元璋："定天下以不杀人为本。"使李文忠、宋濂等免于死罪。

马皇后一生虽未有过惊天动地之举，但她却以"贤德"著称，这一点在大明通行宝钞的印制过程中也得到了印证。

传说朱元璋刚开始制造纸币时，屡次试制都不成功。一天，他梦见有人告诉他说，如果想制成纸币，必须取秀才的心肝来才行。梦醒之后，朱元璋心里想："这难道是让我去杀读书人吗？"

马皇后听他说了这个梦，就对他说："照我看来，秀才们所作的文章，就是他们的心肝了。"朱元璋听了很高兴，立刻命主管的官署找来秀才们进呈的文章加工采用，纸币果然就制造成功了。

通过这个故事，使人们对马皇后不禁更加肃然起敬。如果用"一代贤后"来评价她，当是恰如其分。

明代纸币制度也存在一些漏洞，倒钞法便是其中之一。1376年，明代朝廷曾定倒钞法，在各地设行用库收换破旧的昏烂钞。

1380年又规定了调换昏烂钞的界限，凡票面金额、文字可以辨认的都可以继续使用，不许对用旧钞买货者提价，但实际上，朝廷收税只收新钞，而民间对旧钞则降价使用或拒用。这就形成了新旧钞的差别价格，造成了以后的通货膨胀。

明代纸钞发行，推行只出不进政策，即只投放不回笼或是多投放少回笼。朝廷发纸钞支付给军饷，而向民间收取物资和金银财货，收租税却只搭收少量新钞或干脆不收。

明代为了推行宝钞，曾实行"户口钞盐法"，即每户大人配食盐一斤，收钞一贯。而"门摊课程"即店铺商人用钞交纳门摊课。朝廷令商人和普通老百姓用钞，但收效不大。

大明宝钞在发行流通过程中不断贬值，虽然在从成祖至明宣宗的二三十年间曾采取过措施来维持宝钞的购买力，但也未能挽留住它行将退出历史舞台的脚步。至弘治年间宝钞在商品货币经济中已无意义，民间只用银和钱进行交易。

明代中叶以后，宝钞已没有人使用了。至明代中叶弘治年间，鸦片战争之前我国使用的最后一种纸币大明通行宝钞就已在市场上停止流通，铜钱和白银再次主宰流通市场。

1643年，在李自成的兵锋之下，崇祯皇帝再次想起了纸币，他设立了内宝钞局，日夜赶造大明通行宝钞，希望能够挽狂澜于即倾。然而，这时已经没有人愿意再用真金白银去换这些印制精美的大明通行宝钞了。

拓展阅读

马皇后在朱元璋平定天下、创建帝业的岁月里，和他患难与共。因此朱元璋当了皇帝后，对马皇后一直非常尊重和感激，对她的建议也往往能认真听取和采纳。

朱元璋几次要寻访她的亲族封官加赏，都被马皇后劝止。

马皇后一直保持过去的俭朴作风，平日穿洗过的旧衣服，破了也不忍丢弃。并教导妃嫔不忘蚕桑的艰难。遇到荒年灾月，她体察民间疾苦，带领宫人吃粗劣的菜饭。

《明史》赞扬马皇后"母仪天下，慈德昭彰"。

清代纸币及印钞技术

　　清代印刷的户部官票和大清宝钞，多为木版或铜版印刷，与宋、元、明代时相仿。票面呈竖方形，尺幅较大，虽为两色或三色套印，但色彩单调，印刷技术并不复杂。民间多能仿制。当时的官府既要防止民间伪造，又无技术措施，只好在票面上加盖官府印鉴，用以保证信誉和增强可靠性。

　　清代朝廷设立了印刷局，为了掌握先进的印钞技术，不惜重金从国外聘请技师到印刷局工作，这无疑是对我国印刷业界的一大贡献，开创了我国古代印钞技术史上的新时代。

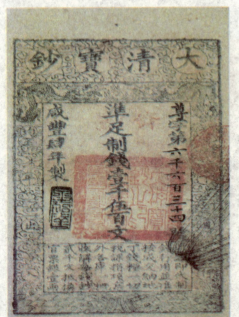

清代朝廷在1853年正式发行户部官票和大清宝钞。这两张钞票，一为官票，也称银票；一为大清宝钞，均由中国钱币学会收藏，这样的票和钞在浙江省博物馆钱币陈列厅里也有摆放。

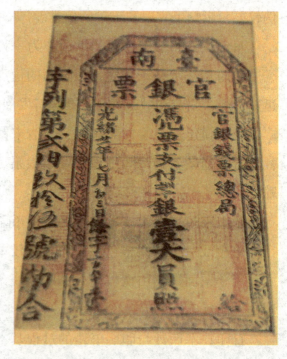

官票是用白色苔笺纸、高丽纸制造，靛蓝色刷印，外为龙火纹花样，内部正中以汉、满文标明币名，形制基本一致。

宝钞铸铜为版，靛蓝色印刷，纸张原似水印，因急于发行而改用白色山西双抄毛头纸。两种纸币都有多种计量品种，但官票以银两为单位而宝钞则以制钱为单位。

发行时尽管朝廷规定"银票即是实银，钱钞即是制钱"，在使用时，即朝廷各种支出和税收中搭收一半银票。但因为各地不认真执行，甚至有外商在民间低价收购充抵关税，使钞票迅速贬值成为朝廷累赘，至1862年就停用了。

尽管官票、宝钞行使10年遂告寿终正寝，但当时人们时常将它们合称为"钞票"，这一词却一直沿用至现在，只是如今人们说的钞票其意义已完全不同于清代的宝钞、官票。

那时货币发行与财政混为一体直属封建君主，如今则由银行发行。那时商品经济不发达，信用不高，加之印刷技术停滞，使纸币防伪较差，影响了官票和宝钞的信誉。

而现在我们手中持有的纸币作为一种信用货币，除了有很高的信誉度和防伪技术，较金属货币轻巧的优点外，还能够促进商品经济的迅速发展，调节和融通资金，在经济发展中的地位可想而知。

清代朝廷发放的户部官票、大清宝钞采用了雕版印刷技术，当时社会上流通的各种民间纸币钱票、银票、钱帖、兑票、照票也都采用雕版印刷技术。

光绪年间，石印技术的发展使纸币印刷出现了新的飞跃，民间纸币由单色或双色转向多色，由原本比较单调的传统竖式转向横式、竖式兼用，票面图案由比较简单的雕刻线条构图转向比较丰富的多品种图稿，而且逐步采用底纹图案。

石印技术印钞与印刷书籍的过程基本一致。只是落石前多一个拼大版程序。一般而论纸币面积较书页、图画、报纸小得多，每一个印版可多张印刷。因此印刷纸币的印稿在落石前先要进行拼版。拼版是将多张纸币的样稿拼成大版稿，再将大版稿过渡到脱墨纸上，然后进行落石。

由于清代末期货币流通十分混乱，纸币印刷处于失控之势。清代朝廷一些革新派官员纷纷议奏改革，引起朝廷重视。

1908年，我国第一所由朝廷直接控制的近代印钞机构在北京正式建立，名为"度支部印制局"，局址设在北京右安门内白纸坊原"清工部火药局"旧址。

该局积极引进当时国际上的先进印钞技术，其规模式样仿照美国"美京国立印制局"，并聘请美国技师进局，培训了我国第一批近代印钞技术人员和印钞技工。

当时的先进雕刻凹版印钞技术无疑是引进的首选，但要培养出合格的凹版雕刻技师需日积月累地磨炼，并非短期内可如愿，制作完成一套钢凹版钞版，需较长的周期。

于是又引进了其他当时国际上比较先进的印刷技术与设备，如美国的万能雕刻机、凹印机、石印机、铅印机、圆盘印码机、照相机和工业锅炉、发电机等。

"度支部印制局"设有石印组，是石印纸币关键之组成，与凸印组、制本组、铅字组、电版组、图案组等同隶于活版科。

石印组的主要工作是将纸币墨稿翻制于印石，设备是落石机。操作时印石置于机架适当位置，辊筒由工人手工操作。

凡完成落石工序的印石将送印刷课印刷。印石需要不断周转，数量较多。辊筒与机架配套使用，使用一定周期会磨损，需有备品。

度支部印刷局在筹建过程中，边建厂房，边招聘人员进行技术培训。特别值得一提的是从天津官报局招收来的曾向日本人学习过雕刻铜凹版技术的毕辰年、李甫、阎锡麟、吴锦棠等人。

经过一段时间的学习，全部掌握了钢凹版雕刻技术，成为我国第一代雕刻钢凹版技术人员，为当时印刷界所瞩目，为我国雕刻钢凹版技术的进一步发展奠定了坚实的基础。

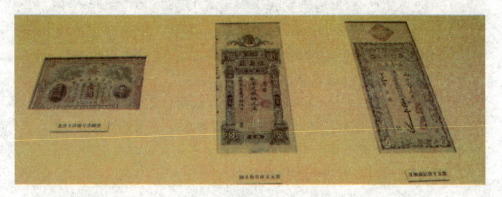

当时的官府既要防止民间伪造，又无技术措施，只好在票面上加盖官府印鉴，用以保证信誉和增强可靠性。这在我国印钞史上，尚属早期、简单的防伪措施。

与此同时，朝廷还制订了维护钞票信誉的法律，通过对伪造者和揭发报官者进行惩罚和奖励的法律条款，来防止和制裁伪造者，以保证钞票的流通和信誉。

清代的纸币，除朝廷印发的户部官票和大清宝钞之外，清代末期官私银钱行号和私营银钱店也在印发钞票。其中私营银钱店又有钱庄、钱铺、钱店、银号等多种称谓，是一种地方性的金融行业。

其业务主要是兑换银钱和印发钱票银票，起着配合制钱和纹银、发挥支付手段的作用。但私人钱庄印发的银钱票，印刷质量更为简单粗糙，票面金额数字多用手书写，缺乏必要的防伪措施，使得当时的币制更加混乱。

拓展阅读

清代末期出现的大、小石印书局多达百余家，以上海为中心遍布全国。

1874年，上海徐家汇天主教堂附设的土山湾印书馆始设石印印刷部，开始印制教会宣传品。此后，徐裕子、徐润等于1881年先后开设了同文书局和拜石山房，专印古书，如《二十四史》、《康熙字典》等。

在我国用石印技术印刷彩色图画的，以鸿文堂五彩书局为最早，该局专印彩色钱票。还有专印彩色图画的中西五彩书局。富文阁、藻文书局及后来的彩文书局、崇文书局等也经营彩印。

铸行通宝钱

唐代铸行的开元通宝，是当时商品生产和商品交换逐渐扩大的产物。开元通宝的铸行，告别了自秦汉以来流通了800多年来的铢两货币的时代，使之具有了信用货币的概念。

它的创制与汉五铢钱一样，是我国货币史上具有划时代意义的重大事件。

自从开元通宝铸行以来，"开元"开启的不仅是大唐盛世的经济繁荣，而且在其流通的1300年间，我国历朝铸币无论是形制标准还是十进制币值，皆遵循"开元"模式。它的积极作用可以说是超越时代的。

唐代铸行开元通宝

唐高祖李渊针对币制管理状况混乱的局面，一改历代以"铢""两"为钱名的货币制度，铸行成为"通宝"的钱币，取名为"开元通宝"。它不仅是整个唐代的主要流通币，而且成为唐代以后1000多年的铜钱楷模。

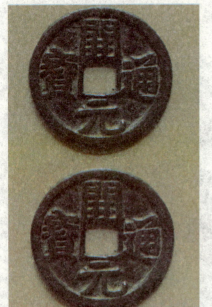

唐代所铸开元通宝钱的版别、样式繁多，在唐初、中唐和晚唐各有不同。

此外，与"通宝"钱同行的还有乾封泉宝、乾元重宝、会昌开元、开通玄宝及"飞钱"等货币，它们曾在唐代经济生活中起到过重要作用。

开元通宝是唐朝统治286年中的主要流通货币。

唐高祖李渊建立唐王朝后，迅速出台了铸币政策。621年，唐高祖废除五铢钱，开始铸造流通开元通宝钱，这就确立了朝廷铸币的法币地位。

开元通宝所说的"开元"并不是唐代的开元年间。所谓"开元"，是表明大唐取代了隋代，开创新纪元的意思。而"通宝"则指通用宝货。

从此以后，历代的铜钱都称为"通宝"、"元宝"。这说明货币的发展已到了更高级的阶段。

开元通宝钱直径8分，重两铢，积10钱为一两，1000钱重6.4斤。因为唐代一斤比西汉一斤重一倍多，因此开元通宝比西汉五铢钱略重。

最初的"开元通宝"由书法家欧阳询题写。4个字写得方圆兼备，颇能显示初唐文化的兼收并蓄。

欧阳询的书法誉满天下，人们一旦得到他亲笔书写的尺牍文字，就作为自己习字的范本。事实上，将我国的书法艺术与钱币完美地结合在一起，开元通宝可谓开先河者。

从传世的开元通宝钱看，唐代前期铸造的开元通宝钱，制作精良，字迹清晰，直径为2.4厘米，重3.6克。唐玄宗以后铸造的开元通宝钱，文字不够匀称。此后铸造的开元通宝钱，比较粗陋，直径和重量都略小一些。

唐代在市面上流通的开元通宝一般为铜质，钱外郭宽粗，并且不均匀；内郭极细，圆穿铸造方正。

除铜质开元通宝外，唐初还铸造过金、银质开元通宝，其中银钱较多，金质开元传世较少。这两种贵重金属币仅限皇家赏赐，供显贵玩赏，并不投入流通。另外还有玳瑁、铁、铅等材质。

开元通宝版制较多，可分为早中晚三期。

唐初开元轮廓精细，文字精美。中期钱背多铸有星、月等各种纹饰。晚期的外部较阔，而且由于铜料冶炼不精，铸币粗糙，以"会昌开元"为代表。

开元钱和其他唐代钱的背部，有的有一个突出的圆点，有的有一条或几条弯曲的凸钱，有的甚至还有浮云的标记，这种圆点和凸钱，钱币学称之为"星月纹"。

钱背星纹分穿上星纹，穿下星纹，月纹上弯叫仰月，下弯叫俯月，穿旁侧立称侧月。关于开元钱的月纹和浮云史书上没有明确记

载，以至于给人留下了无尽的遐想。

除此之外，开元通宝还有"元"字左挑右挑、双挑之分。最初铸的开元钱元字不挑，武德年间所铸，元字左挑出现。右挑开元钱应是贞观年间及其以后所铸的；双挑开元数量极少，应是高宗时的纪念币性质，有大事件发生时所铸。

唐玄宗李隆基以后的元字仍有挑笔的情况，但因其铜质、重量、轮廓等均与以往不同，分辨起来比较困难。

与开元通宝同行的还有乾封泉宝、会昌开元及"飞钱"等其他几种货币。

唐高宗李治即皇位后，武则天涉理朝政时，在泰山举行规模空前的封禅盛典，参加的人竟排数百千米，在我国历史上是绝对的罕闻。同年改元乾封，在泰山立"双束碑"，意在武则天与高宗共创天地。

有人认为是封禅活动花费太大了，朝廷想通过铸大钱补补亏空。因此，朝廷下令铸造乾封泉宝钱，取代开元通宝。

这次不光是铸大钱，还修改了币制，连货币的名称都改了。为了确保新钱流通，唐高宗还下诏严禁私铸，违者立判死刑。

但新钱出来后，商人拒绝使用，根本流通不了。第二年就只好下诏把这大钱废了，并昭告天下：开元通宝为"万世之法"，今后不再进行货币改制。乾封泉宝禁止流通后，仍然有储值功能，可以兑换。

唐代"安史之乱"爆发时，为了筹措军费，填补财政亏空，唐肃宗李亨根据御史中丞兼铸钱史第五琦的建议铸造乾元重宝钱，但开元通宝依旧通行。

758年，乾元重宝发行。乾元重宝钱径2.6厘米至3厘米，重约6克至10克，每吊重10斤。钱文为隶书，直读，"乾"字的"乞"字成钓鱼钩状。版别分狭缘、阔缘、光背、背星、月、祥云、瑞雀、背十、背洪等，按照一当十的比价与开元通宝并行流通。

在朝廷财政开支重压下，唐王朝又发行了乾元重宝当五十的大钱，该钱背面的外郭为重轮，俗称重轮乾元钱，这种大钱3.6厘米左右，重约20克，每吊重20斤，但是对开元通宝作价则为一当五十。

这样，重轮乾元钱、乾元重宝、开元通宝三钱并行流通仅半年，市面出现了混乱。理财家第五琦因推行货币减重政策引起物价狂涨，被贬职。接替第五琦为铸钱史的是度支郎中兼侍御史刘晏，他担任新职务后立即改行新的货币政策，注意了调整开元通宝与重轮乾元钱。

唐代宗李豫继位后，铸钱史刘晏更进一步将乾元重宝、重轮乾元钱的法定价值贬值到它的实际价值以下，使这两种乾元大钱成为良币，有意识地利用劣币驱逐良币的规律，迫使其退出流通领域，从而恢复了原来开元通宝钱的正常流通制度，收到统一币制的效果，这在货币史上具有典型意义。

唐武宗李炎继位时，佛教繁兴，寺院林立，朝廷的铜都被放进寺院，成为寺院财产，脱离正常的社会生产等经济生活。无铜铸钱的局面再也支持不下去了，于是，一个毁佛铸钱的构思渐渐在唐武宗的脑海中形成了。

845年，唐武宗毅然下令毁佛铸钱。令僧人还俗，没收寺院良田，和尚尼姑们遣回原籍，从事生产。寺院内的佛像，僧尼钵盂等用具统统被砸碎，化铜铸钱。

当时的扬州率先铸造背有"昌"字的开元通宝钱进呈，朝廷下令各地仿铸，并于钱背添铸各自州名以便检查。这种背文记地名的开元通宝俗称"会昌开元"。

会昌开元铸行后，社会上的财富增加了，货币流通畅快，人民生产、生活安定了，也就逐渐得到了大多数老百姓的拥护。毁佛铸钱也使唐武宗成为历史上的一位明君。

后来由于朝廷有限的铸币量不敷使用，各地出现了飞钱。飞钱又称"便换"，就是用一张纸券，写明钱数，盖上图章，分为两半，双方各持一半，用飞快的速度发往目的地。双方所持纸券相合，核对无误，即会拿到现钱。

此项办法，是我国汇兑业务的初始，也是世界第一。此方法对于北宋"交子"的出现有很深的影响。

飞钱成为了唐代后期货币流通中的重要制度。这种新的流通方法，对于后世金融业的发展贡献颇大。

拓展阅读

飞钱成为了唐代后期货币流通中的重要制度。这种新的流通方法，对于后世金融业的发展贡献颇大。

唐代最后一种钱是开通玄宝，直径2.2厘米，大小和乾元重宝小平钱相似，钱文隶书，光背无文。据史书记载为桂阳钱监所铸，数量极少。因其钱文为"玄宝"，一般认为是功德钱。

总之，开元通宝是唐代的主要流通货币，铸行时间长，数量大，版别也较多。

五代十国的通宝钱

五代十国时期，是继春秋战国、三国、南北朝之后的又一次大分裂的割据时期。唐代一直流通的开元通宝，至五代十国时期依旧在很多地方流通。

在五代十国这段较为特殊的历史时期里，几乎每一个曾经独立过的政权都发行过自己的货币。但这些货币的形制与币值其实和开元通宝没有区别，只不过根据年号，重新更改了名字而已。

五代十国时期的货币，总结起来有两大特点：一是大额钱币盛行。二是这个时期的铸币大部分采用的是"铁"这种最为普通的金属。

五代十国也简称为五代，一般认为从907年朱温灭唐至960年北宋建立，短短的54年间。

在此期间，中原相继出现了后梁、后唐、后晋、后汉和后周5个朝代，南方还相继出现了前蜀、后蜀、吴、南唐、吴越、闽、楚、南汉、南平和北汉10个割据政权。

五代的开国之君，都是前朝的藩镇，靠军事割据发展起来的，这一时期的历史特点是战争频繁，政权屡有更迭。其钱币种类极多，但留存下来的非常少。

后梁曾仿照开元通宝，在开平年间铸造开平通宝。"开平"为五代朱温年号。这种钱币铸量不多，且传世极少，为极罕见品。

开平通宝的形体仿照开元钱，但铸造制作上更粗糙，边廓不整齐。钱币直径3.5厘米，钱文隶书，旋读，书法较差，笔画生硬。铸工与铜质均不佳，钱文书法十分差，几乎不成文。

后唐庄宗李存勖以恢复唐代正统为号召，灭掉梁之后铸行新钱，仍然沿用开元通宝之称，中间屡遭变故，旧钱日益减少。

后唐庄宗时，兵事渐少，商业逐渐繁荣，市场中的钱币太少，不利于流通，于是在天成年间铸天成元宝，以便流通。

"天成"是五代十国时期后唐明宗李嗣源的年号。由于当时各藩镇割据自立，战乱纷扰，社会经济受到重创，币制极不稳定。

天成元宝钱径2.4厘米，钱文隶书，旋读，书法浑厚凝重，轮廓阔壮，较为精良。

后唐最后一个皇帝李从珂于清泰年间铸行青泰元宝。钱径3.4厘米，钱文隶书，顺读，书法平平。由于后唐10多年间变动迭起，所以现在学者有认为青泰元宝是仿自北宋的崇宁重宝，并不是后唐清泰年间所铸。

后晋王朝的建立者是后晋高祖石敬瑭。936年，契丹主做册书封石敬瑭为大晋皇帝，改元天福，国号晋。石敬瑭称帝后，割燕云16州给契丹，承诺每年给契丹布帛30万匹。

石敬瑭执政时期，是后晋社会最安定，经济发展，人民生活相对较好的时期。石敬瑭本人非常勤勉，生活廉洁，政绩突出，应是一个受臣民爱戴的皇帝。石敬瑭最大的功绩便是统一了后晋的货币，使经济趋于繁荣，人们安居乐业。

后晋只铸有一种钱币天福元宝，因为后来让民放铸，所以官铸钱少，民铸钱较多。

今天所见的天福元宝，版式参差不一，轻重不一，有直径2.1厘米至2.5厘米的，也有直径2.1厘米以下的，钱文隶书，书法平平。

形制较大的天福元宝应该是官制的，铸工上看相对精致，小型的可能是民间自铸的，铜质较差，文字粗糙。

因为当时的铜价较高，铸钱无利可图，而且铜材不易得，民间往往把古钱销毁，改铸铜器，所以，天福钱稀少难得。当时各处藩镇割据，不理会朝廷，只是逢年过节，才向皇帝进贡，以表示君臣关系未断。

据史料记载，937年夏，宣武军节度使杨光远进助国钱，现传世有"助国元宝"一种，直径2.3厘米，钱文篆书，书法平平，铸工一般，可能是当时杨光远所铸。

后汉仅传了两代，共计4年，只有"汉元通宝"钱，此钱直径2.2厘米，钱文隶书，书法似开元钱。

后周时只铸"周元通宝"一种，为周世宗柴荣所铸，书法、铜质、铸工均精美，乃毁佛所铸之钱。

如果以经济而言，五代十国时期的重心不在北方五国，而是南方十国。十国统辖的地区人多物丰，而在钱币的制作上也比北方五国要好。十国之中，吴越、荆南、北汉等国没有铸钱。

前蜀于510年铸永平元宝，钱径2.4厘米，钱制仿唐代开元通宝，铸工颇佳，但极罕见。此外有永平通宝，制作及书法与永平元宝不相同。

前蜀高祖王建时铸行通正元宝，版式较多，钱文书法铸工不及永平钱，但数量较多。后来前蜀改国号为大汉，又号为天汉，铸行天汉元宝，钱制同以往，钱文书法铸工均较好，数量不多。

后来又恢复国号为蜀，年号天光，铸光天元宝。钱文"光"字用行书，其余为隶书，书法还算良好。

王建去世后，其子王衍继位，史称后主，于乾德元年铸乾德元宝。钱制同以往，有光背无文与背月两种。后来铸行咸康元宝，钱币背后有月文。

以上两种钱数量较多，铸工颇精。但不久后唐来伐，王衍出降，国灭。

后蜀高祖孟知祥铸行大蜀通宝。大蜀通宝钱的直径为2.3厘米，钱文隶书，铸工一般，书法较劣，但传世较少，比较罕见。

孟知祥的儿子继位后改元广政，铸广政通宝，制式同以前一样，

但书法铸较前品为佳，数量较少，为罕见品。后又铸广政通宝铁钱，版式与铜钱没有区别，传世也较少。

闽王王审知政权仍然行用唐代年号，以示忠贞不移，铸开元通宝钱，版式仿会昌开元钱，钱背穿上有一"闽"字，过去曾被误认为是会昌开元。

此外有铅铸钱，版式同铜钱，分光背无文、背闽、背福、背殷3种。

后又铸开元通宝当十大钱，直径3.8厘米，字大而不工整，而且有省笔缺画，背有星文、月文、闽字。另有铁钱、铅钱，版式同铜钱一样。

王审知的弟弟王延政曾称大殷皇帝，改元天德，铸天德通宝大铁钱，以一当百。当时也铸有铜钱，比铁钱小，被称为天德重宝，书法较工整，背文"殷"字，有楷隶两体。

闽景宗王延曦时期铸永隆通宝大铁钱，直径达4厘米，书法拙劣，背面有闽字或星月文及光背，均较罕见。

五代十国时楚国第一代君主马殷自立楚王时，曾铸有天策府宝。此外还曾铸有乾封泉宝铜、铁大钱和乾元重宝大铜钱。马殷因听史家有湖南产铅、铁之说，又听从高郁的献策，铸铅、铁钱，十文当铜钱一文，如乾封泉宝、乾元重宝。

天策府宝钱是钱币界盛传的珍品，历来为收藏家梦寐以求之物。

有一首诗描述了过去人们对此钱的重视程度：

易求时且百金直，喜遇翁赏一饭加。
有宝若谈天策府，不贫于古野人家。

　　这句话说的是清代戴熙之父在病中得到一天策符宝，大喜过望，居然在把玩该钱时多吃了一碗饭。

　　天策府宝钱制作皆精，天策府宝大如当十，厚肉，字文明坦，楷书。前人认定其钱为马殷开天策府时所铸的纪念币。

　　有学者认为天策府宝铜钱兼有纪念币和硬通货的两种功能。硬通货是指它不同于一般货币，而是在特殊情况下，如楚境内外贸易等，作为一种支付手段。

　　《十国纪年》记载："马殷铸铅铁钱，行于城中，城外特用铜钱。"城中城外指的是境内境外，铜钱则非天策府宝莫属，"特用"两个字具体地点明了该项钱硬通货的性质。

拓展阅读

　　"周元通宝"始铸于周世宗柴荣时期的955年，是五代时期铸行最多、质量最好的铜钱。

　　当时铜材紧缺，周世宗便下令毁佛铸钱，但遭到佛教徒和满朝大臣的反对。

　　可周世宗才智过人，搬出了"舍身饲虎"的典故，他说："佛祖说以身世为轻，以利和为急，使其真身尚在，敬利于世，犹欲割截，岂有所惜哉！"

　　意思是说：佛是造福众生的，假如他活着，为了救人，他的真身都可毁去，又为何舍不得铜像呢？此番言论，说得反对者哑口无言，只好服从。

宋辽金西夏通宝钱

　　北宋的经济繁荣程度可谓前所未有，农业、印刷业、造纸业、丝织业、制瓷业、航海业、造船业均有重大发展。

　　南宋时期对南方的开发，促成了江南地区成为经济文化中心。两宋铸钱多而复杂，除少数外，每个帝王的每个年号差不多都铸钱，而且铸几种钱，如天赞通宝，天显通宝，会同通宝，天禄通宝。

　　在辽金西夏的通宝钱中，以金钱最为精美，但金国所铸通宝钱种类不多。辽钱制作均较粗糙，钱背常常错范，文字湮没。西夏钱币制度深受北宋影响，都是年号钱。

宋代开国之初，为了满足日益增长的经济需求，宋太祖赵匡胤时期每年铸币达到了80万贯，所铸造货币仍然是通宝钱。宋代的铸币比唐代要复杂，比如币材，有铜、铁、金、银，可是铜钱和铁钱各有各的流通区域，金钱、银钱多当做礼品和纪念之用。

宋代通宝也分平钱、折二、折三、折五和当十、当百等好几种。所谓折二，就是一钱当二钱用，以此类推。看起来好像繁琐一些，实际使用时就像现代的纸币和铝辅币一样，多种面值还更方便些。

年号钱在宋代最为流行。两宋300多年，10多个皇帝有50多个年号。除了宋太祖赵匡胤学开元通宝的样铸造宋元通宝外，后来的宋代皇帝都铸过年号钱，总计有40多种。

年号只是表明造币的年代，至于钱的大小和轻重，变化不大，也不妨碍流通。钱文的书法，篆、隶、草、楷、行书都有。最早这样做的是宋太宗赵光义，他用草书、楷书和行书3种字体各书写了"淳化元宝"几个字，以后就形成风气。

相传苏东坡写过元丰、元祐钱文。宋徽宗赵佶用独创的瘦金体写了"崇宁通宝"、"大观通宝"等。楷书、行书比篆书、隶书更加能够运洒发挥。宋代钱币上的书法，在艺术上达到了空前的高度。

宋代曾铸造大量的金银钱，可以说是我国历史上使用金银钱最多的朝代。不但宫廷中多，民间也多。北宋末年，金人攻入汴京时，在宫中发现不少金银钱。

宫廷中的金银钱主要用来赏赐亲王、大臣等。当时，有帝王死了，就用来殉葬。

有一种金银钱叫"招纳信宝"，是当时大将刘光世所铸。他在对金作战中，知道在金人军营中的汉人很想家，就专铸这种信宝，叫俘虏把它带回去，分送给那些人，作为通行证或招降证一类的东西，拿了它就可通行回来。

北宋由于和辽、金、西夏作战，岁输繁重，曾引起货币几次大贬值。宰相蔡京铸了一种一枚当10枚用的大钱，可是大钱的实际重量还不到3枚小钱，而面额却大了许多。这种做法在民间遭到了反对。命令下来后，市区的商铺店号干脆关门停业等于罢市。

辽代物价甚低，货币使用量不多。辽世宗耶律阮时，上京还处在交易无钱而用布的状态。各地都用不同货币，如圣宗以前所铸的辽钱极少，辽圣宗耶律隆绪之后稍微多了一些，但在流通货币中，所占数量仍甚少，不及2％。主要的是宋钱，其次是唐及五代及其他朝代的钱。

在对外交易方面，辽主要与宋和西夏等通过边境上进行互补性的交易。辽钱一般实行五等钱制，即：小平、折二、折三、折五、折十。辽代的通宝钱主要有天赞通宝、天显通宝、保宁通宝、重熙通宝和清宁通宝。

天赞通宝现存一枚在上海博物馆，钱重3.5克，文字清晰，品相极佳，为辽钱中难得一见的珍品。其中"通"字"之"部不带点捺，向上撩扬，有行草书的意味，钱币界称之为"虎尾通"。

"天显通宝"4个字隶书，光背无文。径2.4厘米，重约2.7克。此钱制作工整，文字自然，古朴可爱。

应历通宝钱文粗糙，制式为小平，径2.35厘米，现存世仅有数枚。"应历通宝"4个字楷、隶相杂，文字朴茂，单点通。

其中"历"字省略厂部的左笔，借用内穿右廓，与"天禄通宝"的书法特征如出一辙，明显见辽钱风韵。被列为"中国古泉五十名珍"之一。

保宁通宝存世量极少，版式有大字、小字、宽缘、细缘、狭穿、广穿、背月纹等区别。其钱文书体隶，浑厚朴拙，古意盎然，具有独特的民族风格，可谓影响了整个辽代钱风，是辽钱中的稀见品之一。"中国古泉五十名珍"之一。

"重熙通宝"4个字隶书，光背无文。径2.4厘米，重2.7克至3.4克。重熙钱传世稍丰，而且不断有小批量出土，已见版式较多，钱文

有大字、小字之别。重熙通宝的铸行是辽钱史上一座分水岭：重熙前出钱甚少，此后辽钱便逐代丰富起来。

"清宁通宝"为楷书，唯"宝"字尚留隶韵，光背无文。此钱有大样小样之分，大样笔画质朴，小样4个字清奇，"宁"

字宝盖下从"下"而不从"心"，"通"字"甬"头为"丷"，制作也较粗疏。径2.2厘米至2.4厘米，重2.7克至3.4克。此钱传世较多，历年均有出土。

金代早期使用旧有的宋、辽钱币，直至金、宋间第二次议和后，战争暂告结束，才发行自己的货币。

金铸行铜钱始于金海陵王完颜亮时，铸行正隆通宝小平钱，其中有一种俗称"五笔"正隆元宝钱较少见，钱径2.5厘米，重6.7克。

金代大定通宝钱，有小平、折二两种币值，小平钱除光背外，另有背"申"、"酉"字纪年，版别较多；折二大定通宝钱较少见，钱径2.8厘米，重9克。

金代泰和通宝真书钱，有小平、折二、折三、折十共4等币值，均罕见。此间还铸行泰和重宝折三、折十篆书钱，折三钱直径3.1厘米，重8.4克，折十钱直径4.5厘米，重16.1克。

金代还有崇庆通宝和崇庆元宝钱，通宝钱有小平、折二两种币值，钱文真书。元宝钱仅见折五一种，篆书，钱径3.5厘米，重11克。后又铸至宁元宝钱，实物仅见折五钱，一种币值，真书，钱径3.4厘米，重11克。

金代贞祐通宝有小平、折二、折三共3种币值。其中有铁钱极罕见，钱径3.5厘米，重11.4克。

在金代灭掉北宋以后，曾扶植一个大齐国，建都大名府，后迁汴梁，皇帝是刘豫，年号阜昌。

在此期间铸行阜昌元宝小平钱，直径2.7厘米，重4.5克；阜昌通宝折二钱，直径2.85厘米，重7.3克；阜昌重宝折三钱，直径3.3厘米，重9.2克。均为篆书。大齐国在金代羽翼下虽仅存7年，但所铸钱币却清秀娟美，比一般北宋钱精整。

西夏货币铜、铁钱并行，除用历代旧钱及北宋钱外，并铸有西夏年号的"宝钱"和"元宝钱"，重量与北宋钱略同。但铸造数量很少，流通中多为北宋钱。初铸的西夏钱的钱名用西夏文字，以后接受汉族文化，钱名以西夏文与汉文并用。

西夏仁宗李仁孝时，为西夏经济、文化鼎盛时期，故在西夏诸钱中，所铸通宝既有西夏文字又铸汉字，并且铜、铁钱都有。有天盛元宝、乾祐宝钱和乾祐元宝。

天盛元宝堪称铸量最丰、制作最工、文字最秀的一品。"天盛元宝"4个字为秀丽楷书，光背无文。径2.4厘米，重3.7克左右。此钱传世及出土数量甚大，不亚北宋诸钱。

乾祐宝钱铸造工整，钱文字体精美。形制较以前几种钱币更加精致。当时铸造量小，如今存世量极少，古钱珍品。

乾祐元宝铜材少，铁材多，钱文有行书、楷书，楷书有长元、短元等版别。

因西夏地域缺铜而多铁，天盛铁钱世间所存甚多。1982年内蒙包头出土一批西夏铁钱中，首见形体略小，背穿上铸"西"字之天盛元宝。西夏崇宗李乾顺重视汉文化，最突出的表现就是在铸币方面，从元德年间开始，一改过去只铸西夏文钱的状况，出现了用汉文铸造的元德通宝、元德重宝，这是西夏自铸币以来第一次正式铸行的汉文流通货币，也是当时社会历史背景的真实反映。

元德通宝为汉文钱，有楷、隶、行3种钱文。其直径一般在2厘米至2.5厘米之间。隶书品也不多见，尤其楷书、行书品极其难得。上海博物馆藏品真书体元德通宝小平钱，直径2.4厘米，厚0.15厘米，光背。此钱传世极罕。

元德重宝的版式为折二型钱。钱文楷书，直径一般为2.7厘米。今存世仅有两三枚，珍罕无定价。"中国古泉五十名珍"之一。

拓展阅读

南宋宁武军节度使刘光世在统兵抗击金兵时了解到，金国士兵因长期在外作战疲劳不堪，思念故乡。

刘光世眉头一皱计上心来。铸造了一大批金、银、铜钱。所有钱币上统统印上了"招纳信宝"字样。

每次俘获了金兵，刘光世都不杀死，反而让他们拿一些这种钱带回去给同伴看。有谁想开小差回家，到江边，见了把守渡口的宋兵，只要拿出这种钱作为凭证，就会通通放过。

这消息一传十、十传百，不胫而走。一时间，去宋营取钱后逃走的金兵络绎不绝。

元代铸行的通宝钱

长期游牧而又善于在马上作战的蒙古族，他们先是打败了辽、西夏和金，然后打败赵宋皇朝，历史再一次改朝换代。朝廷存在的方式是更替型的，而文明的存在方式是积累的，并且能长期延续。元代铸造的通宝钱就说明了这一点。

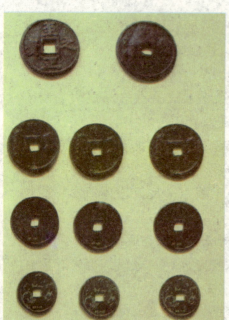

元代铸钱形制不统一，大小、折当、宝文、钱文结构不定，无论从数量、形制还是制作工艺上都不及两宋，比较随意。

元代的钱币相对来说铸造的比较少，主要是由于元代行用纸币和银锭，从而使铜钱的铸造处于从属地位。

元朝币制的最大特点是长期、广泛、大量地发行和流通纸币。

元纸币为主要货币，铜钱种类多数量少。铸造的通宝钱有大朝通宝、至元通宝、至正通宝、元贞通宝、大德通宝、至大通宝、大元通宝、延祐通宝、至治通宝、泰定通宝。除至正通宝中有几种背文记值外，其余钱背文无记值。

大朝通宝是蒙古汗国在改称元以前称"大朝时铸"。"大朝"是成吉思汗铁木真建立蒙古汗国时的国号。大朝通宝有银、铜两种，铜比银少，但两种数量都不多。铜铸小平钱，直径2厘米，厚0.14厘米，穿0.5厘米，钱币上没有钱文。

至元通宝四体文钱是元顺帝妥懽帖睦尔时铸造的。至元通宝大小均有，并且部分钱币背面铸有八思巴文。其四体文钱是这一时期的杰作，在我国钱币史上具有特殊意义。

元世祖忽必烈于1285年至1294年也曾铸造过至元通宝钱，但只有汉、蒙两体小平至折三共六品。而元顺帝所铸造的至元通宝版式繁杂，变化无常，除光背外，有背"玉"、背星月、背异文及供养钱等。至元通宝四体文钱钱文有4种：面文"至元通宝"4个字为汉文，背文穿上、穿下直读为蒙文八思巴文，穿右为察合台文，穿左为西夏文。因此，该钱被称为"四体文钱"。

在历朝历代的古钱币中，面文和背文多达四体的，仅此一例，别无其他，可谓"空前绝后"。至元通宝直径4.5厘米、厚0.25厘米，重24克。保存完好者，可见老旧包浆，遍体红锈夹有绿锈，是不可多得的收藏佳品。

至元通宝是随着中世纪蒙古的崛起和元帝国的建立应运而生。汉文化的强势地位和独特魅力以及统治汉地的实际需要使元代执政者逐渐接受并采用了中原王朝的政治、经济、文化体制。建立货币制度即是其中之一。

在当时，中原地区使用货币的历史已达2000余年，到两宋时货币制度渐趋成熟。元帝国疆域辽阔，海陆交通发达，中外贸易往来频繁，江南地区的商业一度繁荣兴盛。在这种经济形势的推动下，元朝朝廷仿效宋代币制确立了不兑换的纸币本位制。

有元一代，朝廷因强制发行纸币"宝钞"，对金属货币的铸造严格限制，所以铜钱数量之少可谓空前绝后。元代铜钱分为官铸钱和供养钱两种。供养钱是佛教信徒向寺庙布施时专门用于供奉神灵的私人铸币。

官铸钱是由元朝朝廷监督铸造的铜钱，种类较多，其中就包括至元通宝。虽然蒙古执政者多次颁布禁止使用金属货币的法令，但在民间，至元通宝等铜钱仍有少量流通，为当时的商业贸易发挥了应有的作用。

至正通宝也是元顺帝时所铸。内外都有郭，外郭宽平，内郭略细，"至正通宝"四汉文为直读，笔画粗壮厚实。至正通宝种类较多，面文"至正"的钱币，有部分背穿上分别铸有寅、卯、辰、巳、午5种八思巴文地支纪年；有的背穿上、下分别为八思巴文和汉文纪值数字。

元贞通宝是元成宗铁穆耳时铸行。钱文有汉文、蒙文两种版式，汉文楷书，直读，有小平、折二两等，蒙文钱为折三型。光背无文，制作简陋，文字不清。

大德通宝也是元成宗时所铸。钱文有汉文、蒙文两种版式。汉文楷书、直读，有小平钱、折二、折三等。蒙文为折三型。光背无文。

传世大都为小型供养钱，直径小于2.4厘米，文字拙劣。官铸钱，文字规范，深峻，厚重。为不多见的元代通宝钱。

至大通宝是元武宗海山时铸行。钱文楷书直读，有平钱、折二、折三等，边廓峻深，光背无文。

大元通宝也是元武宗时所铸。有汉文及蒙古文两种，版式繁多，大小厚薄不均匀。折十蒙文的发行量比较大，较为常见。汉文"大元通宝"分大小两种，均极其罕见，小型尤少，皆为古钱珍品。

延祐通宝是元仁宗爱育黎拔力八达时铸造。形制大多为小平钱，大者极少见。存世不多，比较珍稀。

元仁宗另铸有"延祐元宝"。其钱直径为1.2厘米至2.6厘米，重1.5克至3.6克。钱面文字"延祐元宝"4个字为不规整楷书，其字从上而下而右而左直读，钱背光而无文。

延祐元宝有大小钱数种，制

作粗陋，文字拙劣，形制的杂乱不光是在元代钱中，就是在历代铸币史上也属少见的。延祐元宝钱流于世上的很少，大多为庙宇所造供养钱。

至治通宝是元英宗硕德八剌时铸造。元英宗另铸有"至治元宝"钱。存世也颇少。至今发现的这类年号小钱基本上都是一些供养钱。供养钱大多铜色金黄，文字浅平，笔画圆浑。

泰定通宝是元泰定帝也孙铁木儿时铸行的汉文小钱。铸文楷书直读，有大、小两种，大钱铸制精工，边廓完整，面文清晰。光背无文。另有"泰定元宝"存世。这两种钱币铸量皆不大，存世量极少。

在上述通宝钱中，尤其以元顺帝至元通宝制作较精良，钱文较精美，而其他元代通宝钱，也在不同层面上体现了这一时期的特点。这些通宝钱，丰富了我国古代的货币文化。

拓展阅读

元代是以行钞为主，很少用铜钱。为了推行统一的纯粹纸币制度，在近百年的时光里，铜钱的命运是时行时禁，沉浮不定。

元代币制的最大特点是长期、广泛、大量地发行和流通纸币。元代时期，包括四大汗国在内，领域横跨欧亚，由于纸币本身非常轻便，携之可"北逾阳山，西极流沙，东尽辽东，南越海表"。

这使当时的欧洲人觉得不可思议，旅行家马可·波罗就惊奇地说："可以确凿断言，大汗对财富的支配权，比任何君主都来得广泛。"

明代铸行的通宝钱

　　明代初期曾用钞不用钱，后改为钞钱兼用，以纸币为主，但明代只发行一种"大明宝钞"纸币。明代基本一个皇帝铸一种年号钱，共有十个皇帝铸过年号钱。因避讳皇帝朱元璋之"元"字，明代所有钱币统称"通宝"。

　　明代钱币，早期与后期的文字、形制都不相同。明代初期的大中、洪武钱为早期风格的代表，当时各局均有铸造，版别较多，钱文自成系统，存世多寡悬殊。

　　明代中后期，农产品呈现粮食生产的专业化、商业化趋势。商业的繁荣，推动了明代铸币政策的改革。

明代所铸通宝钱，主要的有大中通宝、洪武通宝、永乐通宝、宣德通宝、弘治通宝、嘉靖通宝、万历通宝、泰昌通宝、天启通宝。

大中通宝是明太祖朱元璋建国前称吴王时铸于应天府的钱币。此钱为小平大型钱，背穿上有一"济"字，世所珍罕。大中通宝具有相当文化价值，是"中国古泉五十名珍"之一。

面文"大中通宝"楷书对读，有光背、背记值、记地等，记地有"北平、豫、济、京、浙、福、鄂、广、桂"凡九种。

大中通宝分5种，有小平、折二、折三、折五和折十，而且除宝源、宝泉两局外，朱元璋还陆续发行带有地名的货币，如鄂、京、浙、广等简称，铸于铜币背面，因之形成了多种等级的大中铜币系列。

大中通宝背十钱价格很平，而部分纪地钱为了昭示朱元璋的丰功伟绩，只象征性发行，传世极少，具有极高收藏价值。

洪武通宝是明太祖于1368年命京城工部宝源局及各省宝泉局铸行的，由工部主管铸钱，下设宝源局。朱元璋为避讳元代的"元"字，把所铸之钱钱文一律叫"通宝"而不叫"元宝"，而不只是为避讳他自己的名字，以后所铸之钱也都没有元宝钱文。

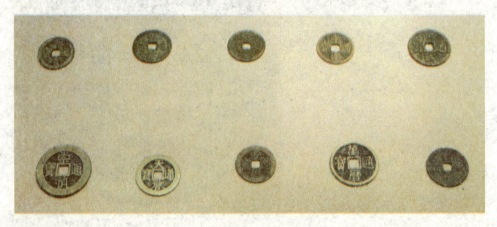

洪武通宝分为5等，规定小平钱，每文重一钱，折二钱重二钱，当三钱重三钱，当五钱重五钱，当十钱重一两。同时继铸大中通宝钱。

永乐通宝是明成祖朱棣时期所铸，铸造工艺精湛，非常工整，书法也是一绝，是我国货币史上最精美的钱币之一。在明代初期，这些铸造精细、工整的永

乐通宝钱，在对外贸易当中发挥了非常重要的作用，成为六百年前的国际贸易中的通用钱币。

永乐通宝的铜色紫红。钱面永乐通宝4个字楷书从上而下而右而左直读，其文字笔画清秀，有宋钱的风韵，制作精湛，整齐划一。存世所见几乎全部为小平钱，光背无文，钱的直径2.5厘米，重4克左右。

永乐通宝小平钱传世比较多，价格不高。

永乐通宝钱中还有一种折三青铜大钱，背三钱，其钱的直径达至3.4厘米，文字清晰，形态古朴。其研究收藏价值是非常高的。

宣德通宝是明宣宗朱瞻基时所铸，钱制沿永乐成规，皆为小平钱，光背无文，真书直读，制作上稍逊于永乐通宝，书法一般，版别较少。

自明宣宗以后，至明孝宗朱祐樘时，近70年未再铸钱。明孝宗时宝钞信用动摇，百姓不肯使用，甚至出现了以物易物的情况。

10贯宝纱换不到3文钱，明代朝廷认为再不发行铜钱，就将无法挽

回宝纱信用，而且很多利益也被私铸商贩赚取，便下诏命两京及全国13省重新开炉铸钱。弘治通宝就是在此时铸行的。

弘治通宝皆为小平钱。光背无文，真书直读。此钱版本较多，各地所出，略有差异。弘治通宝曾由原重一钱增加到一钱二分。

弘治钱制作书法都较一般，而且铸量也不多，没有达到要求的数额，因为改钱重铸新钱之时孝宗已死，明武宗朱厚照继位，改元正德，此钱即停铸。

嘉靖通宝是明世宗朱厚熜时所铸，为光背小平钱，真书直读，但含有隶意，此钱存世较多。在铸行方面，朝廷先下诏命令两京宝源局开铸此钱，并令工部按照永乐、宣德时铸钱标准在其他4省开铸，铸量比永乐、宣德时略有增加。

嘉靖通宝初定每文钱重1.2钱，千钱重7.8斤。至1584年时，改为每钱重1.25钱，千钱重8斤。此外嘉靖通宝钱开始采用黄铜铸钱，同时为防止私铸，还提高了铸钱工艺，铸造出火漆、镟边、金背等钱。

火漆就是二次熔炼。旋边就是用旋车锉磨边缘，金背是指经四火

熔炼之黄铜，俗称"四火黄铜"。

嘉靖通宝钱大都为小平钱，仅在1564年时，令工部宝源局仿洪武钱五等式铸小平、折二，当三，当十大钱，于钱背穿右侧铸："二钱、三钱、五钱及一两"，一两钱穿上再加铸"字十"。

此套钱为记重钱，各只铸3万，而且并未流通，只为充实内库。因为并未流通，因此传世也少。明世宗所出的钱比前代各钱要精美。

隆庆通宝是明穆宗朱载垕时铸行的。此钱皆为小平钱，光背无文，真书直读。隆庆通宝钱制每文重一钱三分，有金背、火漆。隆庆时期铸钱比嘉靖时减少，当年两京铸钱仅2万贯，只及嘉靖时两京铸额的一半。

明代前期的这一阶段，因大力奉行宝钞政策，对铜钱控制严格，三番两次停铸、禁用，即使开禁也有限制，要不就收入内库，充作库存。

所以造成两种结果，一是民间私铸猖獗，可民间又因铜材缺乏，就用古钱，但古钱也有限，于是就私铸古钱，以作流通，这是因为私铸本朝钱币刑罚很重；二是促使白银使用普遍化，明时把银铸成马鞍形，名曰"元宝"，也有其他形状，称"银锭"。

铸钱量上升是在明神宗朱翊钧时期，这是明代铸钱的转折，也是明代的转折。此时所铸的万历通宝，版本较多，万历小平钱为真书直读，大多背无文，少数背铸有文字或星月纹，但都较罕见。

万历通宝钱有折二钱，也为真书直读，狭郭，双点通，钱径为2.8厘米。万历通宝钱由两京及全国各省为铸行，两京铸金背、火漆，其他各地只许铸镟边。

1592年开始，开支递增，因此户部、工部等机构都新开钱炉铸钱。由于铸量明显增加，而铜材又缺乏，铜价上涨，许多临时官炉无利可图，开炉不久即关门大吉。

工人们无以为生，便自行私铸，当时私钱名称很多，像歪脖、尖脚、胖头等，流传很广，至崇祯时仍存，现存的也有。

泰昌通宝是明光宗朱常洛时所铸，是小平钱，真书直读，铜色淡红，也有黄铜钱，版本不多，有背月，背星钱，还有钱径达2.9厘米，大如折二钱的宽郭大样钱。也有钱径2.3厘米至2.4厘米的小钱。

明熹宗朱由校铸泰昌通宝钱只一年，第二年便开铸天启通宝。并设立了户部宝泉局，称"钱法堂"，从此由户部主管铸钱。

天启通宝开始铸造时，为小平钱，后来开铸当十钱。钱重原定1.3钱，千钱重8.8斤，但后来由于官铸过于滥恶，小钱仅重0.7钱，千钱仅重4.8斤，含铜量不足30%。

天启小平钱分背无文和背有文两大类，背文比万历钱复杂，背铸有星月纹的种类多；背有文分记重，记事，记局、记地。

背记事为"奉旨"两字，是当时宦官、大臣奉旨办事造钱的意思。天启通宝小平钱不仅背文多，其他如字文大小，文字水平，轮廓宽窄，钱文结构也有诸多不同，很复杂多变。

天启通宝当十钱也分背无文和背有文两类，折二钱则大都背无文，存世也较少。这两种钱都比较少见。

崇祯通宝是明思宗朱由检时所铸。钱文真书，通宝的"通"字有单点、双点之分。有小平、当二、当五等。小平钱径一般2.45厘米，重3克；当二钱径一般2.7厘米，重3.7克；当五钱径3.3厘米，重6.2克，南都钱较轻。

崇祯通宝钱是我国古代货币史上的第一个铸币高峰，而其版别之复杂、品类之繁多，尤以其繁缛的背文、含义，至今有的都难以辨识。

其间的轻重没有什么规律。钱文"崇祯通宝"4个字，以楷书书写，从上而下而右而左直读。钱背有星月，也有的有奔马图形，俗称"跑马崇祯"。

总之，明代所铸通宝钱早期狭轮，文字挺秀；后期外轮变宽，钱文以宋体为主。

拓展阅读

众所周知，洪武通宝是明代开国皇帝朱元璋时所铸行的铜钱，制作精良。

有人认为，洪武通宝是明代铸造的第一批钱币，其实这种说法并不准确。

早在元代末期时，朱元璋打败劲敌陈友谅定国号"大明"后，就开始铸造"大中通宝"钱。洪武通宝是延续了大中通宝的形制和体例。朱元璋开国之初所实行的铸币政策，迅速地统一了全国货币，结束了元代末期以来的货币混乱状态，对促进当时的政治经济和社会稳定起到了积极的作用。

清代铸行的通宝钱

清政府沿袭前代遗留下来的货币制度，即白银和铜钱两种货币同时流通，具有同等合法性。这两种货币有各自不同的使用范围，一般情况下，国家财政收入、官员俸禄、兵饷、商人大笔交易多使用白银，而民间零星交易则使用铜钱。

清代货币中的特点是，各地使用的货币并不统一，尤其是各省铸造的铜钱，只在本地流通，因此各省对货币调整的措施具有本地特色，且在同一时期内，各地又有不同。

清代铸币分两大类，一类是朝廷造币厂铸造的；另一类是地方造币厂铸造的。

清代统一中国后，开始重新制订货币政策。在清军刚入关时，允许明代的钱币流通，但不久即严禁使用明钱及其他古钱，独行清钱。其中主要的通宝钱有顺治通宝、康熙通宝和嘉庆通宝。

清代初期，朝廷在北京设铸钱局铸钱，随着天下统一，在各地开钱局，并铸顺治通宝。

顺治年间对制钱成分有明确规定，即铜70％，白铅30％，为合金，称之为"黄铜"，1000铜钱称为一串，年铸12000串，称为一卯，即每开一期的额定数称为"正卯"，正卯以后凡有加铸数称为"加卯"。顺治钱制形式未能统一，按照背文可分为5种，也就是在钱币界享有盛誉的"顺治五式"，分别是：

一是仿明代钱式，面文"顺治通宝"，皆为光背无文。采用这种形式，主要是适应关内群众的需要，也便于新旧钱之间的兑换。

二是仿会昌开元钱制，钱背文纪地纪局。如"户"、"工"为宝泉、宝源泉两局所铸。其他有临、宣、延、原、西、同、荆、河、昌、宁、浙、东、福、阳、襄、江、蓟、广、陕、云等。钱重1.2钱。

1651年的钱重改为1.25钱。清代初期制钱重量不断变化，顺治通宝钱汉字钱的大小轻重差异较大。有的钱局开铸时间短，开铸不久即停铸，所以有的记局记地钱数量很少，其中"延"、"宣"、"蓟"存世甚少，极为罕见。

三是权钱，也叫一厘式钱，即在背面除有局名外，穿左边铸有

"一厘"两字，比前一种少了"延、西、荆、襄、云、五局"，"一厘"是指权银，一文铜钱折银一厘，1000文铜钱值银一两，此钱从1654年时铸行，至1660年停铸。各局所铸不尽相同，大小轻重有变化。

四是满文钱，面文为"顺治通宝"的汉文，背文则用新满文，穿左右满文为"宝泉"或宝源，规定每钱重1.2钱，1657年因停外省铸钱，因此仅在北京铸行。

五是满汉文钱，面文"顺治通宝"汉文，背文纪局名改为穿左为满文钱局名，穿右为汉文钱局名。

1660年，户部商议决定重开各省钱局，除宝泉、宝源两局所铸制钱仍为满文钱局外，其他各省钱局所铸钱背文都为满汉文钱，共有12局：临、宁、原、宣、同、江、东、河、蓟、昌、浙、陕。这种钱式制作较好，铸量最多，存世也较多。

顺治通宝每文重一钱。宝泉局铸钱供全国经费使用。宝源局鼓铸之钱，要按卯报呈工部，交节慎库验收，然后作为工部所管各项工程经费发放。

康熙通宝是清康熙帝玄烨时所铸。康熙朝自铸的货币有两种，与顺治钱的第四式和第五式相同。康熙帝在位61年，因为当时社会政治比较稳定，经济发展很快，商品交换、货币经济也非常发达，所以康熙一朝的钱币铸造得非常精美，大都很规整，钱型厚重，文字美观大方,而且铸量极大,存世非常丰富。

1662年,清代朝廷下令停铸上代顺治通宝钱,而改铸康熙通宝钱,并规定以后凡是嗣位改元,所铸钱制皆如此例。

纵观康熙一朝,在全国共开设铸钱局24处。由于受当时冶铸工本和钱币私铸等问题的影响,每一文康熙钱曾分别重1.4钱、一钱、七分,这样一来便产生了我们今天见到的大、中、小3种不同重量的康熙通宝。

康熙钱的背文除工部、户部所设的宝泉、宝源两局所铸均为文外,其他外地各钱局鼓铸的通宝钱,其背文左为满文纪地,右为相应的汉字纪地。后来还出现了"巩"字,又有人说还有"密"、"川"、"贵"、"西"等钱局的康熙钱。

康熙通宝还有俗称的罗汉钱,相传是年羹尧熔黄金罗汉所铸,色泽呈金黄色,康熙的"熙"字较通俗写法少一竖。其中有背大清及龙凤纹饰的宫钱,为收藏家所钟爱。当时,另外有福建宝福局于康熙60岁大寿时起铸有背穿干支的贺寿钱,每年一品,直至1722年康熙帝晏驾,一共10年,共铸造了10品,现在存在于世上的十分罕见。

嘉庆通宝是清仁宗颙琰在嘉庆年间所铸。钱径2.2厘米至2.6厘米,重2克至4克。钱面文字"嘉庆通宝"以楷书书写,从上而下而右而左直读。

钱背满文左"宝",右记局名19个字。少数钱背星月纹以及记地或吉祥汉字,如:桂、福、寿、康、宁等。

钱币上的吉语背文如:"天子万年"、"国泰民安"、"天下太平"、"日日生财"、"嘉庆万岁"、"唯和唯一"、"如卖三倍"、"四方来贺"、"五世同堂"等多达20种,为历代铸币所仅见。

清代货币、纸钞、铜币并行,至嘉庆年间发行新式银元,而光绪年间铸金、银币更多。洋务运动也影响到铸币业,两广总督张之洞曾于1887年委托使英大臣在英国订购全套造币机器,并在广东钱局首铸机制银元和铜元。

其后,各省纷纷仿效,购制国外机械铸造银、铜元。包括广东钱局在内,许多造币机均订购自著名的英国伦敦伯明翰造币有限公司。英国大工业的介入,使银币也沾染上西方色彩。

清代末期机制货币的出现,是我国古代货币史上由手工铸币向机制货币的重大演变。从此,不但铸造货币的工艺发生了重大变化,而且使流通了2000多年的圆形方孔钱寿终正寝。

拓展阅读

清光绪年间,洋务运动代表人物、两广总督张之洞想在广东铸银元和铜元。于是,张之洞奏准购办机器,通过中国驻英公使刘瑞芬调查了英国造币机器价格、购置手续和造币技术,在广州大东门外黄华塘购置了82亩土地作为厂址。

张之洞从英国引进了全套机器设备,计有锅炉、抽水、碾片、椿饼、印花等机器200余部,广东钱局就此建立起来了。该局是当时世界上规模最大的造币厂,只熔化炉就有72座和铸币机90台,计划日产各种钱币260万枚。